Une Mère Chrétienne

Vie

de Marie-Claire Boulogne,

épouse de J. B. Lobry

son fils Louis LOBRY, Prêtre

1818-1892

Société de Saint-Augustin

DESCLÉE DE BROUWER & Cⁱᵉ

LILLE-PARIS — 189

Une Mère Chrétienne.

Marie-Claire BOULOGNE

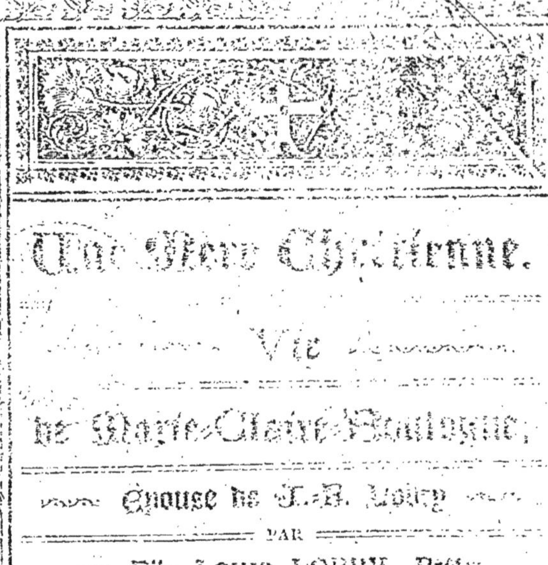

Une Mère Chrétienne.

Vie

de Marie-Claire Boulogne,

Épouse de J.-B. Lobry

PAR

son Fils Louis LOBRY, Prêtre.

1818-1892.

Couvent de Saint-Augustin.

DESCLÉE, DE BROUWER et Cie.

Bruges. — 1904.

Marie-Claire BOULOGNE

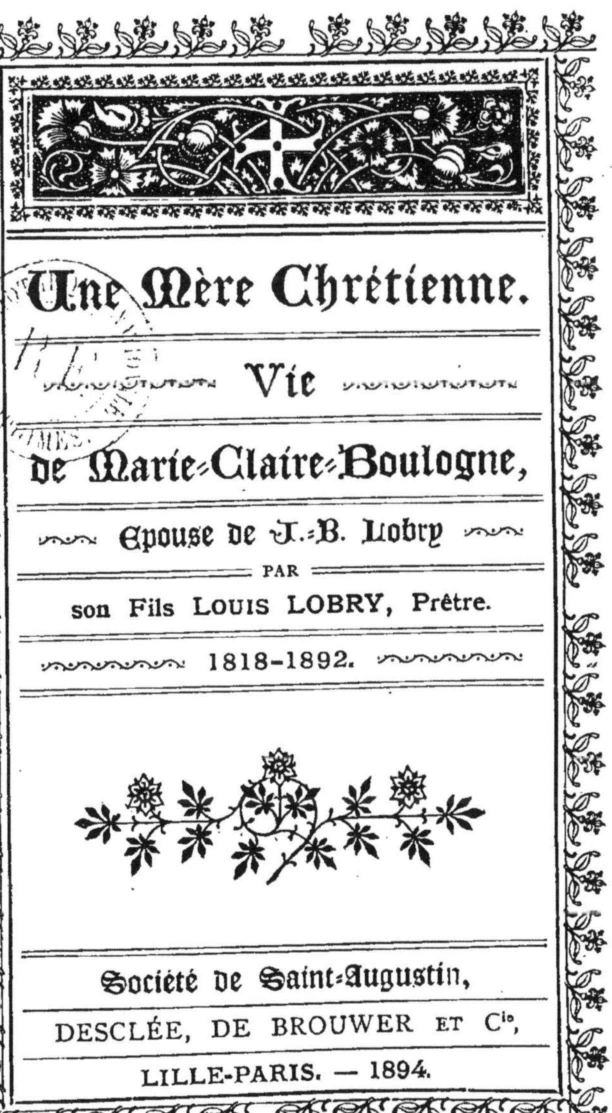

Une Mère Chrétienne.

Vie

de Marie-Claire Boulogne,

Épouse de J.-B. Lobry

PAR

son Fils Louis LOBRY, Prêtre.

1818-1892.

Société de Saint-Augustin,

DESCLÉE, DE BROUWER ET Cⁱᵉ,

LILLE-PARIS. — 1894.

Lettre de M. l'Abbé J.-B. CARLIER, Vicaire-Général.

<table>
<tr><td>ARCHEVÊCHÉ
DE
CAMBRAI.
—✠—</td><td>Cambrai, le 8 Décembre, Fête de l'Immaculée
Conception, 1894.</td></tr>
</table>

CHER MONSIEUR LE CURÉ,

Que la Vierge Immaculée vous couvre tous de son manteau protecteur !

Je viens de parcourir les pages pieuses et édifiantes dans lesquelles vous faites si bien revivre la mémoire, le caractère, les vertus de votre admirable Mère. Votre tableau est tellement bien au point ; les traits sont représentés avec tant de vérité et de suavité ; vous faites descendre, sur le front de celle que vous regrettez, une lumière surnaturelle si sereine ; vous montrez si parfaitement le mouvement de sa vie sous le regard de DIEU ; vous peignez, avec tant de naturel et de délicatesse, l'éducation sérieuse et chrétienne qu'elle vous a donnée, que vos frères et sœurs, dispersés de par le monde pour étendre le règne de Notre-Seigneur, soulager les infortunés, faire bénir l'Église et la France, seront grandement consolés en recevant, pour leurs étrennes, le portrait si ressemblant que vous leur destinez. Ils croiront à une vision du ciel, venant, au premier jour de l'an, leur dire que leur Mère vit encore pour eux dans la gloire et que, maintenant comme autrefois, « son union avec eux est de tous les instants ». Les délicieuses et édifiantes scènes de famille, que vous faites rayonner autour du portrait, et dans lesquelles vous représentez vos vénérés parents, entourés de leurs enfants si aimants et si respectueux, vous rappelleront les candides souvenirs de votre première enfance ; elles vous rediront les leçons par lesquelles cette « Mère chrétienne » nourrissait votre vertu, formait votre caractère, développait votre vocation et vous préparait aux différentes missions que la Providence vous réservait.

Votre Visiteur Apostolique de l'Orient sera heureux de se souvenir que le foyer de ses parents avait gardé les habitudes patriarcales, dont il retrouve tant de traces dans ses voyages à travers la Palestine et les contrées qui ont été le berceau du monde. Vos sœurs de Madrid, de Rome et d'Abbeville liront avec délices ces pages dans lesquelles, par l'exemple plus encore que par la parole, leur vaillante Mère les exhorte à « être toujours généreuses » dans la noble mission qu'elles remplissent auprès des pauvres, et à « ne refuser jamais à

Dieu aucun sacrifice ». Nos Humbles Filles, en s'inspirant des industries de son zèle, deviendront de dignes apôtres du Sacré-Cœur. Jean-Baptiste et Clara marcheront dans la justice, en suivant les traces de leurs religieux parents.

Les amis de votre famille éprouveront des sentiments d'édification et de confiance, en pensant qu'ils ont connu une sainte et qu'ils ont une protectrice au ciel.

Le cachet familial qui caractérise le récit et dont le style moderne a perdu les secrets, nous reporte aux suaves traditions de l'âge patriarcal et nous laisse sous le charme de ces vertus simples, mais sérieuses, qui ont fait du foyer de Madame Lobry le foyer chrétien par excellence.

Je n'ose féliciter le Benjamin de la famille, dont le cœur et la piété ont si bien conduit la main et inspiré la plume ; mais, si on peut dire qu'un fils reste jeune tant qu'il a sa mère, il me semble plus juste de dire qu'un fils qui sait si bien la faire revivre et honorer sa mémoire, vivra longuement, comblé des bénédictions du Ciel !

Veuillez agréer, cher Monsieur le Curé, l'assurance de mon très affectueux dévouement.

J.-B. CARLIER,
Vicaire-Général de Cambrai.

✠✠✠✠✠✠✠✠✠✠✠✠✠✠✠✠✠✠✠✠✠✠✠✠✠✠✠✠

Lettre de M. F.-X. LOBRY, Prêtre de la Congrégation de la Mission et Préfet Apostolique des Missions du Levant. ∼∼∼∼

Congrégation de la Mission
DITE DES LAZARISTES
Fondée par S. Vincent de Paul.

MAISON de St-BENOIT.

Constantinople, le 2 Octobre 1894.

MES BIEN CHERS FRÈRES ET SŒURS,

Notre bon et cher Louis vient d'écrire la vie de notre vénérée Mère, et, sur sa demande, volontiers je fais précéder son travail de ces quelques lignes que je trace pour vous tous, en qualité d'aîné de la famille.

Ce ne sera pas sans émotion que vous lirez ces pages reproduisant la noble et douce figure de celle qui nous aimait tant et dont nous gardons le souvenir si profondément gravé dans nos âmes. Les larmes ont jailli souvent de mes yeux, en lisant le manuscrit de Louis ; et mon cœur disait merci à Dieu de ce qu'il nous a donné une telle Mère.

Dans la vie de notre Père, que j'ai écrite pour vous après sa mort, vous avez retrouvé les grandes leçons qu'il nous a laissées. Homme juste et bon, chrétien doué d'une foi vive et robuste, notre Père ne connut jamais qu'un chemin, celui du devoir nettement accompli sous les yeux de Dieu, en toute droiture de volonté. Certains même, dans notre époque de faiblesse et de sensualisme, pouvaient le trouver un peu austère.

Quant à notre Mère, tout en elle ne respirait que douceur et bonté, ce qui ne diminuait en rien la force de ses vertus. D'un extérieur noble et digne, d'une nature sympathique quoiqu'elle parlât peu, elle avait dans sa personne un quelque chose d'au-dessus de la nature, qui impressionnait tous ceux qui l'approchaient. On sentait, en conversant avec elle, que son âme vivait avant tout de Dieu, dans les régions surnaturelles de la foi.

Ange gardien visible de sa famille, elle a rempli sa mission d'épouse et de mère, dans la plus complète abnégation d'elle-même et dans la pratique la plus élevée de toutes les vertus chrétiennes.

Elle n'aimait le monde ni pour elle-même ni pour les siens ; aussi ne connaissait-elle que le chemin de l'église et celui de la demeure des pauvres, des malades principalement. Pour elle, son foyer suffisait à son cœur : elle savait le rendre aimable et plein de charmes ; elle en avait fait un sanctuaire dont elle écarta toujours avec prudence tous les dangers, pour n'y faire régner que la crainte de Dieu.

Quand vint l'heure des grands sacrifices, elle les fit avec une générosité admirable. En mère profondément chrétienne, elle sut dire à Dieu : « Mes enfants sont à vous avant d'être à moi », et elle les laissa suivre l'appel divin.

Qui de nous n'a encore présentes à l'esprit, ces scènes si émouvantes de nos départs successifs, alors que demandant une bénédiction dernière à nos parents, nous quittions le foyer paternel pour aller au loin nous vouer au service de Dieu et des pauvres !

Enfin, quand notre Père quitta la terre pour le ciel, quelle profonde édification ne nous donna pas encore notre Mère par sa courageuse et chrétienne résignation. Sa douleur sans doute fut bien grande ; mais, aux lumières de sa foi si vive, son époux n'avait fait que la devancer dans un monde meilleur où elle comptait le rejoindre bientôt.

Mes bien chers Frères et Sœurs, nous sommes tous dispersés à l'heure présente, mais quelque part que nous soyons, en Espagne, en Italie, en France ou en Turquie, vivons tous et toujours des pieux souvenirs, des grandes leçons que nous ont laissés nos parents.

Pour vous, mes bien chères Sœurs, qui toutes êtes

consacrées à Dieu, souvenez-vous des exemples de notre bonne Mère. Sa piété, son esprit de sacrifice, sa constance à accomplir et à accepter la volonté de Dieu, sont pour vous un modèle à imiter. Si, comme elle, vous êtes humbles et douces, charitables et obéissantes, simples et droites devant le bon Dieu, vous serez de parfaites Petites Sœurs des Pauvres, une vraie Fille de la Charité, de véritables Filles du Sacré Cœur. Quelle que soit votre vocation, à chacune, notre Mère demeure votre modèle, parce qu'elle a pratiqué, à un très haut degré, toutes les vertus de votre saint état. Sa vie, ses leçons, ses exemples, demeureront pour vous une source abondante de lumières sûres pour votre propre conduite. Soyez ce que notre Mère a été, et vous saurez vous sanctifier dans une vie d'obéissance, vous sanctifier aussi en gouvernant les autres dans les charges qui vous sont confiées.

Pour vous, cher Frère Jean-Baptiste et chère Sœur Clara, vous restez seuls dans la maison maternelle, auprès des tombes qui nous sont si chères. Ensemble réalisez de plus en plus la vie de notre Père et de notre Mère ; sanctifiez-vous et maintenez doucement votre regard fixé vers l'éternité qui doit nous réunir tous auprès de nos parents.

Quant à Louis et à moi, choisis tous deux pour être élevés au sacerdoce, nous aussi nous puiserons, dans l'héritage de vertus que nous ont laissé notre Père et notre Mère, un puissant encouragement pour remplir avec une vertueuse énergie tous les devoirs de notre ministère.

Nous sommes séparés les uns des autres, mais cette séparation n'est que momentanée.

Sur terre demeurons unis en Dieu dans le souvenir de nos parents, en accomplissant comme eux, avec force et piété, la sainte volonté de Dieu. Si leurs vertus deviennent les nôtres, comme eux nous passerons doucement de la terre au ciel, pour y être réunis à jamais.

Bonne et vénérée Mère, vous demeurez vivante dans le cœur de vos enfants, et votre pensée nous est douce et consolante. Vous qui avez été une mère selon le cœur de Dieu, vous priez pour nous dans le beau ciel où vous habitez, vous nous bénissez ; et, nous le sentons, votre regard maternel est tourné vers chacun de nous, en attendant l'heure à laquelle Dieu nous appellera un a un auprès de vous.

Bien chers Frères et Sœurs, pensons à nos parents

sans tristesse ; réjouissons-nous au contraire du bonheur qu'ils goûtent dans le séjour des Bienheureux.

Allons notre chemin, chacun dans notre vocation, en nous souvenant qu'ici-bas nous ne sommes que des voyageurs, des ouvriers du bon Dieu, qui n'attendent le repos et la récompense que dans un monde meilleur, auprès de notre Père et de notre Mère.

Votre frère aimant,

F.-X. LOBRY,
Prêtre de la Mission.

PRÉFACE.

Écrire ou lire la vie de la Mère bien-aimée de qui on a reçu le jour, n'est-ce pas une indicible consolation et un bonheur plein de suavité? C'est donner plus de précision aux souvenirs de la famille; c'est conserver aux sentiments leur fraîcheur première; c'est faire revivre, au milieu des soucis de l'âge mûr, les charmes de l'enfance et de la jeunesse; c'est continuer à avoir sous les yeux celle dont toute l'existence a répandu le parfum délicieux des vertus chrétiennes.

Comme une biographie n'est point complète, si elle se contente de présenter le portrait isolé de la personne qui en est l'objet, nous placerons la vie de notre Mère dans son vrai cadre, c'est-à-dire, au milieu des personnes et des événements auxquels elle a été mêlée ou dont elle a subi l'influence et le contre-coup. Quand nous parlerons du Père ou des enfants, ce sera pour mieux *faire connaître la Mère qui, par sa bonté, son dévouement, sa grandeur d'âme, a attiré tant de bénédictions sur sa famille !*

Que Dieu daigne bénir ces lignes écrites pour sa plus grande gloire !

Louis LOBRY.

Chapitre Premier.

ENFANCE, JEUNESSE ET MARIAGE.

OTRE bien-aimée Mère naquit à Ghissignies, le 2 septembre 1818, de parents jouissant d'une modeste aisance. Elle reçut au baptême le nom de *Marie-Claire*.

Son père, Jean-Baptiste Boulogne (Papa Boulogne), était un homme d'une grande bonté, d'un noble caractère et un chrétien. Sa mère, Marie-Thérèse Crapet (Maman Boulogne), était une femme aux goûts simples, à l'âme profondément chrétienne, au cœur compatissant pour les pauvres, d'un dévouement admirable pour les malades. Souvent elle portait en secret des secours à d'honnêtes familles éprouvées par le malheur. On rapporte d'elle que, dans un choléra qui fit de grands ravages à Ghissignies, alors que tout le monde fuyait les victimes du fléau, elle se dévoua pour les soigner. Ses parents voulaient mettre des bornes à sa charité, mais la nuit elle s'échappait de la maison par une porte dérobée ; et tandis que sa mère pensait qu'elle reposait, elle se trouvait au chevet des malades, leur prodiguant ses soins. Un jour, elle-même fut prise des premières atteintes de la terrible maladie ; mais Dieu lui rendit bientôt la santé.

Les exemples de tels parents devaient exercer la plus heureuse influence sur la petite Marie-Claire, douée d'ailleurs d'un excellent naturel et d'une intelligence peu commune. Bien qu'elle fût la plus jeune des trois enfants de la famille, elle ne le cédait en vertu ni à son frère Jean-Baptiste, ni à sa sœur Scholastique. Aujourd'hui encore, ses compagnes d'enfance et de jeunesse aiment à rappeler sa douce piété, sa bonté simple et franche, ses conversations édifiantes. Comme alors Ghissignies n'avait pas encore de curé, elle allait à Louvignies avec ses compagnes, malgré le froid, la pluie, le mauvais état des chemins, pour y assister aux leçons préparatoires à la première Communion. Le bon curé (c'était M. Basuyau) introduisait l'innocente troupe dans sa maison, la groupait autour du foyer, lui servait le lait de la doctrine et la renvoyait tout heureuse de mieux connaître Dieu. Le long de la route, Marie-Claire aimait à s'entretenir avec ses compagnes des vérités renfermées dans le petit livre d'or qui s'appelle le catéchisme, du soin à apporter à la confession, du bonheur incomparable que toutes elles allaient bientôt goûter à la table des anges. Son zèle pour l'étude du catéchisme lui valut l'honneur d'occuper l'une des premières places.

La première Communion fut pour notre Mère comme le commencement d'une vie nouvelle. Son amour pour la sainte Eucharistie et pour la vertu, loin de se refroidir peu à peu à mesure qu'elle avançait en âge, allait toujours grandissant. On la voyait pendant la semaine, aux jours des fêtes de la Sainte Vierge, parcourir d'un pas allègre les quelques kilomètres qui séparent Ghissignies de Louvignies, pour entendre la messe et recevoir les Sacrements.

La piété, qui est *utile à tout*, contribua puissamment à rendre plus étroits encore les liens de profonde affection qui attachaient notre Mère à tous les siens, à lui inculquer les solides vertus, à mûrir et à tremper son caractère, à la préparer, en un mot, à la noble mission que Dieu lui réservait.

Loin de chercher un délassement dans les lectures malsaines qui font tant de victimes et qui souvent sont la cause première de tant de ruines morales, Marie-

Claire se complaisait dans le commerce des livres pieux. C'est là qu'elle rafraîchissait son âme, qu'elle apprenait à connaître et à manier les armes du bon combat, qu'elle puisait une nouvelle énergie pour l'accomplissement de tous ses devoirs. Il y a un livre qu'elle affectionnait tout particulièrement et qui lui fit le plus grand bien ; il est intitulé : *Prières et Méditations de S. Alphonse de Liguori.* Elle l'a lu et relu très fréquemment jusqu'à la fin de sa vie.

Accordée en mariage à Jean-Baptiste Lobry, jeun : homme digne d'elle par ses rares qualités et sa vertu exemplaire, elle alla avec lui, le 12 août 1846, jour de la Sainte-Claire, s'agenouiller au pied des autels. Ce fut M. Tilmant, curé de Louvignies, qui leur donna la bénédiction nuptiale. Ce digne prêtre, dont les sages conseils au saint Tribunal avaient toujours été si fructueux pour notre Mère, en profita pour offrir ses vœux de bonne fête à sa fille spirituelle et lui souhaiter toutes les bénédictions du Ciel dans le nouvel état de vie où elle entrait.

Les vœux du saint prêtre se réalisèrent : dix enfants naquirent de cette union chrétienne : François-Xavier qui fut l'aîné ; Jean-Baptiste et Marie

qui vécurent peu de temps ; un second Jean-Baptiste
et une seconde Marie ; Eugénie, Zoé, Louis, Lucie
et Julie.

Chapitre Deuxième.

SON ROLE DANS L'ÉDUCATION PREMIÈRE DE SES ENFANTS.

Notre vénérée Mère avait une haute idée de l'éducation. Elle savait qu'élever un enfant, c'est le mettre en état de remplir un jour, le mieux possible, la destination de sa vie temporelle et éternelle. Aussi, avec quel soin ne cultiva-t-elle pas le cœur de ses enfants pour y faire germer la semence des vertus et en extirper la racine des vices ! Elle ne les considérait pas comme son bien propre, mais comme un dépôt que Dieu avait confié à sa vigilance, et, tout en les entourant de la plus tendre affection, elle n'oubliait jamais que son grand devoir était de tenir auprès d'eux la place de Dieu.

Notre pieuse Mère nous apprit à prier dès la plus tendre enfance ; nos premières paroles à tous furent les saints noms de Jésus, de Marie, de Joseph. Elle nous habitua, dès le berceau, pour ainsi dire, à la pensée de la présence de Dieu, en nous enseignant qu'il est partout et que toujours il a l'œil ouvert sur nous ; elle nous faisait admirer les beautés de la nature en nous disant que c'était Dieu qui les avait créées pour notre plus grand bien. Elle aimait à nous raconter la vie de la Sainte Vierge et à nous exhorter à l'imitation des exemples de l'Enfant-Dieu : « Le petit Jésus, » nous disait-elle, ne répliquait jamais ; il obéissait » avec promptitude à la Sainte Vierge et à saint » Joseph ; il faut faire comme lui, mes chers enfants. » Afin de se mettre mieux à la portée de nos jeunes intelligences, elle avait recours à des gravures relatives à la Sainte Famille de Nazareth et nous en expliquait la signification. La petite Marie, c'était l'aînée des cinq sœurs, ayant remarqué des gravures qui lui rappelaient les beaux exemples de vertu de notre Mère, lui disait dans sa simplicité enfantine : « Ma Mère, vous aussi, vous faites comme la Sainte Vierge ! »

« A l'approche du beau mois de mai, écrit Marie, » notre Mère nous dressait une petite chapelle blanche, » nous la faisait orner de fleurs et y mettait une statue » de la Sainte Vierge ; elle nous y réunissait tous les » soirs, allumait deux bougies, plaçait en avant les » plus jeunes, encore incapables d'articuler aucune

» parole et auprès d'elle les plus grands, pour répondre
» aux prières. Je me souviens, ajoute Marie, que nous
» éprouvions une grande joie au retour de ce beau
» mois, à la pensée de revoir notre chère petite cha-
» pelle. C'est là que notre Mère aimait à s'agenouiller
» avec François pour demander à la Sainte Vierge
» qu'il fût prêtre un jour ; c'est là que nous apprîmes
» à faire des prières en dehors de celles que nous
» faisions en famille ; de là aussi est venue notre habi-
» tude d'aller le soir avec notre Mère, pendant que
» notre Père et Jean-Baptiste prenaient leur récréa-
» tion, nous agenouiller dans la chambre voisine,
» devant un petit autel permanent ; nous y récitions
» le chapelet en plus de celui qui était d'usage après
» la prière du soir en commun. »

Les aimables leçons de notre Mère, sa douceur
inaltérable, sa manière de nous gronder, toujours
accompagnée d'une grande bonté, ses sages conseils,
faisaient sur nous l'impression la plus profonde. Pour
arrêter nos étourderies, il lui suffisait de nous dire :
« Vous me faites de la peine. » Jamais elle ne nous
frappa, et il était même rare qu'elle dût nous menacer
de recourir à l'autorité plus austère de notre excellent

Père. Elle approuvait en silence la sévérité de son époux et nous aidait à bien profiter de ce qu'il nous disait. Toujours nos parents eurent les mêmes principes sur la manière d'élever leurs enfants, et jamais on ne vit l'un d'eux détruire en nous, par une faiblesse coupable, ce que l'autre y avait édifié. Il nous arrivait pourtant de commettre des fautes. Quelqu'un s'était-il oublié jusqu'à tomber dans la désobéissance ou la dissimulation, notre Mère avait recours au blâme et parfois à l'humiliation.

« L'une d'entre nous, raconte Marie, aimait exces-
» sivement le sucre ; plusieurs fois, elle osa en prendre
» à la dérobée ; mais notre Mère s'aperçut bientôt du
» larcin, et, avec cette sagesse qui lui était ordinaire,
» elle dit, de manière à être entendue de celle qu'elle
» croyait être la petite gourmande : « C'est bien mal-
» heureux d'avoir une enfant qui fouille partout pour
» satisfaire sa gourmandise ! Moi, si j'avais une langue
» aussi avide, je mettrais du sel dessus pour me corri-
» ger. » La leçon ne fut pas oubliée de la petite fille :
» plusieurs fois, lorsqu'elle fut tentée de prendre du
» sucre, elle se mit une pincée de sel dans la bouche. »

Notre Mère n'était point femme à avoir sans cesse

sur les lèvres le commandement ou la réprimande. Elle possédait le grand art de nous façonner à l'obéissance et à la vertu par un signe, par un regard et surtout par ses exemples silencieux. Remplie d'affection non moins que de respect pour notre Père, elle lui obéissait de si bonne grâce que nous trouvions tout naturel de faire de même. Parfois les larmes qui remplissaient soudain ses yeux, quand elle était témoin de nos fautes ou du peu de soin que nous apportions à nous corriger de nos défauts, étaient pour nous comme un glaive qui nous transperçait le cœur et qui nous faisait prendre les plus généreuses résolutions.

Amie de l'ordre et du travail, elle s'efforça d'en inspirer le goût à ses jeunes enfants. Chacun de nous avait son rayon d'armoire pour y ranger les objets ou les vêtements à son usage. Les garçons, en dehors du temps des classes, aidaient à leur Père dans ses occupations. Quant aux filles, elle leur assignait à chacune leur office de tous les jours : l'une balayait, l'autre époussetait, une troisième était chargée du soin des chambres à coucher ou de la cuisine, etc. ; de cette manière, tout se faisait en peu de temps et la maison respirait toujours une propreté et un ordre parfaits.

Dans la répartition de ces fonctions, notre Mère tenait compte du goût de chacune de ses filles, et toutes étaient contentes. « Pendant douze ans, dit Eugénie, » j'ai mené cette vie de famille, vie douce et paisible » où il semblait que Dieu faisait agir sa grâce dans nos » âmes avec l'action de notre Mère. » .

Les mœurs simples de nos bons parents, leurs goûts modestes, éloignèrent de nous l'idée et le désir du luxe en si grand honneur de nos jours. A ce sujet, notre Mère eut parfois à subir les critiques de certaines personnes, de parents éloignés, et même de notre oncle et de notre tante : on la blâmait de ne pas habiller ses enfants avec assez d'élégance. Elle se contentait de répondre : « L'important, c'est qu'ils soient » bien élevés, le reste n'est rien ; on ne leur demandera pas, lorsqu'ils seront grands, quels vêtements ils » auront porté dans leur jeune âge. »

L'abnégation, dont nos parents nous donnaient de si beaux exemples, chassait de nos cœurs les petitesses de l'égoïsme. Entre nous, il n'y avait, pour ainsi dire, point de mien ni de tien. C'est ainsi, par exemple, que le menu argent qu'on nous donnait comme récompense ou que nous recevions les jours de fêtes, servait, non

à acheter des friandises, mais, conformément au désir
de notre Mère, à procurer à l'un ou à l'autre des livres
ou des choses utiles.

L'affection si vive qui unissait les cœurs des enfants
n'excluait pas le respect mutuel. Nos parents interdi-
saient à leurs fils de tutoyer leurs sœurs, et les plus
jeunes de la famille devaient obéir aux aînés. Ainsi le
voulaient notre Père et notre Mère. Ils exigeaient
aussi, de notre part, pour grand'maman Boulogne, les
vieillards et les pauvres, un respect qui tenait de la
vénération. Notre Mère nous disait gravement : « On
» ne doit jamais rire de personne, et encore moins des
» vieillards et des pauvres ; le bon Dieu punit ces
» moqueries, et l'Enfant Jésus ne s'est jamais permis
» pareille chose. »

La sainte affection et le respect que notre Mère a
mis dans nos cœurs pour notre Père et pour elle sont
inexprimables. Instruits tous à la même école de sage
fermeté et de douceur onctueuse et patiente, soumis
aux mêmes influences chrétiennes, nous grandissions
en âge et en sagesse, et, quoique doués de caractères
fort différents, nous nous aimions de tout cœur.
« Entre nous, l'union était si grande et si profonde,

» écrit Marie, que quiconque ne l'a pas goûtée ne saurait
» la comprendre. Notre Père et notre Mère en étaient
» l'âme, et DIEU avec sa loi en formait le centre. »
Aussi, entendait-on parfois les gens les plus respecta-
bles dire avec admiration : « Comme ces enfants-là
» s'aiment les uns les autres, et comme leurs parents les
» élèvent bien ! Pour voir comment on obéit, il faut
» aller dans la famille Lobry. » Aussi les mères de famille enviaient-elles le bonheur que notre Mère goûtait au milieu de ses nombreux enfants.

Nous terminerons ce chapitre par les paroles suivantes, que notre Mère adressait un jour à son époux
et qui lui étaient inspirées par la négligence et la faiblesse de parents imprévoyants : « Ah ! Jean-Baptiste,
» pour avoir des enfants qui ne nous respectent pas et
» qui n'aiment pas DIEU, il vaut mieux n'en pas avoir.
» Élevons toujours bien notre famille. Quant aux
» autres, qu'ils fassent comme ils veulent ; mais, plus
» tard, que de larmes ils verseront pour avoir manqué
» de fermeté dans l'éducation de leurs enfants ! »

Chapitre Troisième.

ÉPREUVES ET CONSOLATIONS. — 1846-1866.

LEs grandes qualités de cœur et d'esprit qui dis-
tinguaient notre Mère, son habileté pour la direction et les travaux du ménage, son affection envers
celui que Dieu lui avait donné pour époux, tout semblait la rendre digne d'élever une famille et de procurer
de nouveaux membres à la société et à l'Église. On
pouvait craindre pourtant que le Maître de toutes
choses n'en eût décidé autrement et déjà l'on disait :
« Quel dommage qu'une aussi bonne femme n'ait
point d'enfants (1)!» Mais Dieu exauça les prières de
sa servante, qui eut la joie, presque deux ans après
son mariage, de donner le jour à un fils : il reçut au
baptême le nom de François-Xavier. L'année suivante,
elle goûta de nouveau le bonheur de devenir mère en
mettant au monde Jean-Baptiste et Marie, frère et
sœur jumeaux. Mais Dieu les lui montra plutôt qu'il
ne les lui donna : après avoir reçu, pendant trois mois,

---

1. Ces paroles sont de notre tante Marie-Anne.

les soins et les caresses de sa Mère, Jean-Baptiste
quitta cette terre pour s'envoler au Ciel ; peu après, ce
fut le tour de Marie d'aller se joindre aux anges du
Paradis. Notre Mère éprouva une grande douleur au
départ de ces jeunes âmes, mais elle puisa des consolations dans sa foi profonde : ces enfants chéris, dont
elle pleurait amèrement la mort, n'avaient-ils pas échangé une vie de souffrance contre une vie de félicité ?
N'avaient-ils point leur salut éternel assuré ? N'étaient-
ils point là-haut les anges tutélaires de leur famille de
la terre ? Bientôt Dieu se plut à réjouir son cœur
attristé en lui accordant un autre Jean-Baptiste et une
nouvelle Marie.

Aidée dans ses labeurs et ses fatigues par notre
grand'mère maternelle (Maman Catherine), notre
Mère élevait sa petite famille avec un généreux dévouement, et, dans son bonheur, elle se plaisait à faire
entendre, auprès du berceau de ses enfants, les chants
les plus joyeux. Nos parents vivaient sous le même
toit que maman Catherine, qui traitait notre Mère
comme sa propre fille et recevait d'elle les marques de
la plus sincère piété filiale. Mais les joies de la terre
sont fugitives. En 1852, Dieu rappela à lui celle qui

était pour notre Mère une seconde providence. Pour combler le vide laissé par la mort de maman Catherine, DIEU donna à nos parents, l'année suivante, une nouvelle enfant, Eugénie, dont les traits et le caractère devaient leur rappeler la regrettée défunte.

Depuis que notre Mère était engagée dans les liens du mariage, il lui était plus difficile de se rendre à Louvignies pour y assister à la messe ou y recevoir les Sacrements. En 1854, DIEU mit le comble à ses vœux en envoyant enfin un curé à la paroisse de Ghissignies. M. Hannoire fut notre premier pasteur. Il ne tarda pas à découvrir en notre Mère une âme d'élite. Non seulement il fut pour elle un directeur sage et prudent, mais toujours il eut les plus grands égards pour sa faible santé et se plut à lui faciliter la réception des Sacrements. Aussi elle aimait à rappeler à ses enfants les bontés de M. Hannoire pour elle.

Quatre naissances vinrent encore apporter la joie au foyer de nos bons parents : ce furent celles de Zoé, de Louis, de Lucie et de Julie. A la suite de la venue au monde de Lucie, notre Mère fut gravement atteinte d'une maladie de cœur, et notre Père éprouva de cruelles angoisses à la pensée que peut-être il allait la perdre. Dieu ne le permit pas ; elle se rétablit, mais non complètement, et sa santé demeura fort délicate. Le médecin exigea de notre Mère, si elle voulait vivre, un repos presque complet : il lui permettait un peu de couture, mais pas d'autre travail ; elle devait éviter le mouvement et les émotions. De telles prescriptions n'étaient point faciles à remplir au milieu d'une nombreuse famille et avec une activité comme la sienne, qui jamais ne laissait de besogne en arrière. Mais notre Père veilla à l'accomplissement des ordres du médecin : on prit une femme de journée et on habitua de bonne heure Marie et Eugénie à se rendre utiles. Marie n'avait que treize ans environ, quand notre Père lui donna les premières leçons pour le soin du laitage et pour le pétrissage du pain ; les conseils de notre Mère achevèrent de la former à ces travaux. Eugénie fut chargée du linge.; elle trouva d'abord sa tâche difficile et peu attrayante, mais le désir de soulager notre Mère lui fit surmonter tous les obstacles. « Un soir, raconte Eugénie, alors que j'avais bien » raccommodé et bien mis en place le linge de la fa- » mille, je vis notre Mère pleurer en silence et je me » sentis toute saisie de douleur. Me jetant aussitôt à

» son cou, je lui demandai si je lui avais fait de la
» peine... « Non, me répondit-elle, je pleure, parce que,
» au contraire, je suis contente, et je remercie le bon
» Dieu (ce disant, elle examinait le travail de sa fille),
» ear maintenant je puis mourir : vous serez là pour
» avoir soin du linge ». « Oh ! non, ma Mère, répliquai-
» je vivement, vous ne mourrez pas : nous aurons tel-
» lement soin de vous que vous vivrez longtemps ! »

Grâce à tous ces ménagements, dus à la sollicitude
de notre Père et au courage de ses enfants, notre Mère
vit sa santé s'améliorer un peu à la fois. Souvent cependant, le matin, elle devait se remettre au lit : ces
jours-là il y avait sur tous les visages comme un voile
de tristesse, et on s'efforçait, par le silence et par un
grand soin dans les travaux du ménage, de lui faire
oublier ses souffrances.

La famille grandissait sous l'œil de Dieu. François,
qui avait l'intelligence fort éveillée, paraissait apte aux
études : il reçut de M. Hánnoire les premières leçons
de latin et se disposa à entrer au petit séminaire. Sans
doute, c'était un bonheur indicible pour notre Mère de
penser que l'un de ses fils serait peut-être prêtre un
jour. Mais elle pressentait que le départ de son cher

aîné était le prélude d'autres séparations déchirantes. Son cœur se serra au moment des adieux, et des larmes coulèrent de ses yeux. La première année d'absence parut démesurément longue, malgré les joyeuses lettres par lesquelles le jeune étudiant faisait entendre au foyer natal sa voix si regrettée.

Dieu réservait à notre bien-aimée Mère une épreuve profondément douloureuse : ce fut la mort presque subite de maman Boulogne, le 10 février 1866. Impossible de dire combien grand fut son chagrin en cette circonstance. Elle chérissait tant celle de qui elle avait reçu le jour ! Il lui était si doux de la voir arriver fréquemment au milieu de ses enfants, et ceux-ci étaient si heureux de recevoir ses aimables caresses ! En perdant sa mère, elle perdait un trésor inappréciable. Dans sa tristesse profonde, elle se tourna vers Dieu adora sa volonté et se jeta avec confiance dans les bras de sa providence.

Notre Mère avait pour règle de conduite d'être charitable envers tout le monde, sans se montrer familière avec personne. Elle sortait peu ; sa grande discrétion et l'amour de son intérieur lui faisaient dire : « Il vaut mieux rester chez soi ; on n'a rien à se repro-

» cher ; en outre, c'est le meilleur moyen d'être bien
» avec tout le monde et de faire plus de travail. » Elle
avait cependant des amies qui prenaient part à ses
épreuves et à ses joies, et qui la consolaient dans ses
peines : c'étaient les excellentes demoiselles Hannoire
et surtout notre chère cousine Lucie de Saint-Aubert.
C'est dans le cœur si bon de cette dernière, qu'elle
aimait à déverser le trop plein du sien : elle lui confiait
ses peines, lui dévoilait ses appréhensions au sujet des
défauts de ses enfants, lui faisait part de ses angoisses
quand l'un d'eux semblait vouloir s'éloigner de la
voie droite. Oui, ô Mère chérie, auprès de notre
bien-aimée cousine Lucie, vous avez trouvé une consolatrice, habile à adoucir l'amertume de vos larmes et à
soutenir votre courage ; auprès d'elle, vous avez passé
des heures réconfortantes, parce que votre âme ren-
contrait une âme semblable à la vôtre, une âme pieuse,
aimante, judicieuse, fidèle, compatissante et dévouée.
Que Dieu rende au centuple, à celle qui toujours s'est
montrée votre véritable amie, tout ce qu'elle a fait
pour vous et pour chacun de vos enfants !

La consolation des consolations, c'est en Dieu que
notre Mère la cherchait par la prière et la sainte Com-

munion. « En remontant aussi loin que mes impres-
» sions d'enfance peuvent me reporter, dit notre sœur
» Marie, je me souviens que notre Mère se confessait
» et communiait tous les huit jours, mais avec quelle
» piété et quelle foi ! » Lorsqu'elle revenait de l'église
le dimanche matin (elle allait toujours à la première
messe et avant la messe elle recevait la sainte Eucharistie), notre Père nous envoyait à sa rencontre ; nous
la voyions toute rayonnante de bonheur, et sa figure,
qui portait habituellement un reflet de noblesse et de
distinction, avait alors quelque chose de céleste, dû
sans doute à la présence de Dieu dans son cœur. Dès
que nous arrivions à elle, elle nous accueillait avec un
doux sourire, étendant les bras sous son long manteau ;
nous nous élancions à qui mieux mieux dans les plis
du manteau, et nous marchions ainsi dans l'obscurité
jusqu'auprès de notre Père, visiblement heureux de
notre bonheur et de celui de sa vertueuse épouse.

Chapitre Quatrième.

SA SOLLICITUDE POUR LA VERTU
ET L'AVENIR DE SES ENFANTS.

« SI DIEU, dit le Psalmiste (Ps. 126), ne garde lui-
» même la cité, c'est en vain que veille celui qui
» est chargé de la défendre. » Notre Mère pensait à
juste titre qu'il en est de même pour une famille, et
que tous les efforts humains, s'ils ne sont secondés du
Tout-Puissant, n'aboutissent qu'à une éducation in-
complète et pernicieuse. Pénétrée de cette vérité, elle
avait constamment recours à la prière dans l'accomplissement de sa noble mission auprès de ses enfants
grandissants. « Combien de fois, rapporte Marie, notre
» Mère ne nous a-t-elle pas fait prier pour nos frères
» François et Jean-Baptiste, qui allaient en classe au
» Quesnoy ! Sous son inspiration, nous demandions à
» DIEU de les rendre sages, afin que notre Père fût
» content d'eux. » Plus tard, elle réclamera encore
des prières de ses filles pour François, devenu séminariste ; pour Jean-Baptiste, commençant à entrer

dans le monde ; pour Louis, sur le point d'embrasser une carrière. Afin de se conformer au pieux désir de leur Mère, les trois frères feront de même pour leurs sœurs.

Se séparer de ses enfants était pour elle un sacrifice qui ne dépassait pas les bornes de sa générosité ; mais la pensée que leur âme pouvait alors courir plus de dangers qu'au sein de la famille, était pour elle un véritable tourment. Notre tante Rainelde (Marraine de Poix), n'ayant point d'enfants, exprima le vif désir de se charger de l'éducation de l'une de nos sœurs ; nos parents consentirent, non sans regret, à lui confier Marie. Notre Mère dissimulait sa peine, mais, intérieurement, elle souhaitait et demandait instamment à DIEU que sa fille lui revînt au plus tôt. A Poix, la petite Marie ne fit que pleurer et le jour et la nuit : elle réclamait sans cesse ses parents et ses frères et sœurs. Il fut impossible de l'apaiser, et force fut à notre tante de la rendre à notre Mère, qui ne savait qu'en remercier DIEU. On ne réussit point mieux avec Zoé : à peine âgée de trois ans, elle alla à Poix dans les larmes et revint à Ghissignies avec des transports de joie. Un peu plus tard, une troisième tentative fut faite avec Zoé dans le même but : la jeune exilée éprouva un tel ennui loin du foyer natal, que notre pauvre tante dut renoncer à adopter jamais l'une de nos sœurs pour sa fille.

Dans la suite, notre Mère racontait à ses filles les anxiétés que lui avait causées ce projet ; car son désir était de les avoir toujours toutes auprès d'elle ; sa grande ambition était, non de les rendre riches, mais de les maintenir dans la vivacité de la foi et la pureté des mœurs, et de les habituer à la piété et à la pratique de toutes les vertus. Aussi, aujourd'hui, nos sœurs comprennent et admirent la prudence des conseils de leur Mère et la sagesse avec laquelle elle dirigeait leurs pas inexpérimentés.

A ce sujet, Eugénie raconte l'anecdote suivante :
« J'avais neuf ans environ, dit-elle, quand, un dimanche,
» je m'échappai de la maison paternelle pour aller me
» récréer avec de petites compagnes, dont la fréquen-
» tation m'était interdite. Elles m'emmenèrent à la fête
» du Quesnoy. Le soir, quand je rentrai, je n'osai me
» présenter devant nos parents : mon Père me gronda,
» ma Mère me regarda d'un œil réprobateur, mais
» sans me dire mot. Je fus condamnée à aller tout de

» suite me coucher sans souper. Je m'approchai de
» ma Mère pour lui dire bonsoir, lui demander sa bé-
» nédiction et l'embrasser. De la main elle m'éloigna
» doucement en me disant : « Non, Eugénie... allez..! »
» C'en était assez : je ne dormis point de toute la nuit,
» tant était grand mon chagrin ! Il me semblait être
» bannie pour toujours de l'affection de nos bons
» parents. Le lendemain, mon Père paraissait encore
» bien sévère ; j'implorai mon pardon de ma Mère,
» qui ne voulut me l'accorder qu'après mon Père. En
» m'embrassant elle me dit : « Que cette leçon vous
» serve pour toujours ; n'oubliez jamais que, quand
» vous nous faites de la peine, vous en faites à Dieu
» qui voit tout. »

La vigilance infatigable de nos parents éloignait de
nous les dangers, et nous étions heureux de nous laisser guider par eux, en leur témoignant la plus absolue
confiance. Ce n'était pas sans inquiétude cependant que
notre Mère envisageait notre avenir. Un jour, Marie
et Eugénie lui voyant répandre des larmes (Marie
avait alors quatorze ans), lui demandèrent avec anxiété
ce qui la faisait pleurer. Elle leur répondit : « Je pleure
» de vous voir grandir ; je ne sais ce que je ferai de

» vous toutes ; vous ne pourrez pas rester toutes les
» cinq auprès de moi ; pourtant, je ne tiens nullement à
» ce que vous alliez toujours aux champs, parce que je
» ne pourrai pas vous accompagner. Espérons que
» Dieu y pourvoira. » Volontiers notre Père aurait fait
de ses filles autant de fermières, mais ce dessein souriait peu à notre Mère, qui y voyait pour elles la source
de nombreux dangers.

En attendant que Dieu daignât manifester sa volonté sur l'avenir de nos sœurs, notre Mère ne ménageait
rien pour leur faire acquérir toutes les qualités requises
dans les personnes de leur sexe et de leur condition.
Après des études convenables, chacune d'elles était, à
tour de rôle, chargée, pendant un an, du soin du ménage et de la cuisine ; ensuite elle apprenait la couture,
l'entretien du linge et même quelque peu la confection
des vêtements. Bientôt la Providence se montra d'une
manière toute particulière sur nos sœurs. On tentait
des essais pour implanter l'industrie de la passementerie dans la région du Quesnoy. Notre Mère accueillit
cette nouvelle avec une grande joie, parce qu'elle
voyait là un moyen de garder ses filles auprès d'elle, et
d'échapper à la dure nécessité de les envoyer travailler

au dehors. Elle fit donc demander de la passementerie et apprit à la faire. Comme elle était très habile dans la couture, elle eut bientôt saisi le secret de ce genre de travail, et, en peu de temps, elle fit de ses filles les meilleures ouvrières de l'endroit. Avant de se mettre à l'œuvre, chacune faisait le signe de la Croix ; un dessin de passementerie était-il difficile à exécuter, on le mettait toujours sous la protection de saint Joseph.

Notre Mère tenait beaucoup à ce que ses filles sussent faire toutes sortes de travaux : c'est ainsi que Marie et Zoé étaient d'habiles ourdisseuses de fil pour la fabrication de la batiste ; Eugénie, à quinze ans, maniait gravement la quenouille et faisait tourner le rouet comme une ancienne châtelaine : elle filait au gros pour le tissage de la toile ordinaire, voire même au fin pour le tissage de la batiste. Lucie et Julie s'exercèrent dans les mêmes travaux de ménage, d'ai- guille, ou autres.

Afin de rendre le travail agréable, notre Mère faisait à ses filles, ou leur faisait faire par Louis, de bonnes lectures tirées de la bibliothèque du Quesnoy. Sa pré- férence et la leur étaient toujours pour l'histoire des premiers chrétiens : le récit de leur mort glorieuse les enflammait toutes du désir du martyre.

Outre que ces habitudes de travail étaient une sauvegarde pour la vertu de nos sœurs et une garantie de bonheur pour l'avenir, elles apportaient à la famille les ressources nécessaires et une certaine aisance. L'éducation de huit enfants entraîne des dépenses considérables, surtout quand plusieurs d'entre eux, comme François et Louis, font de longues études. Il fallait le courage, l'activité, l'ordre et l'économie de notre Mère ; il fallait aussi le courage et l'habileté dans les affaires de notre Père, pour parvenir, non seulement à couvrir tous les frais de la famille, mais même à en augmenter le patrimoine.

La famille était comme un sanctuaire, où le travail et la vertu étaient en grand honneur. Les défauts y étaient sagement combattus ; les conversations, toujours dignes et bonnes, étaient souvent pieuses ; quant au vice opposé à la belle vertu, il n'y était même pas nommé. Par sa rare sagesse et ses beaux exemples, notre Mère exerçait un tel ascendant sur nous, que nous respections ses paroles comme étant de DIEU même, et, quoi que l'on nous dise hors de la famille,

nous ne nous en préoccupions nullement : en notre
Père et en notre Mère, nous ne voyions jamais que la
vérité. Un jour que, devant notre sœur aînée, une pa-
rente de la famille conversait, avec plusieurs personnes ·
fort vertueuses du reste, de certaines choses qui, en
elles-mêmes, ne sont pas mauvaises, mais qu'une âme
délicate évite, on demanda à Marie, qui gardait le
silence, ce qu'elle en pensait. On voulait, sans doute,
l'éprouver. Elle se contenta de répondre : « Je ne
» peux rien vous dire de cela, parce que notre Mère
» ne nous en parle jamais. » — « Mais, ajouta-t-on,
« comment votre Mère ne vous parle-t-elle pas de
» cela ? ce n'est pas un mal. » — « N'importe, répliqua
» notre sœur, jamais, jamais nous ne tenons de ces
» discours, ni avec ma Mère, ni entre nous. » A une
réponse aussi nette, il n'y avait rien à répliquer et on
changea de conversation. A la suite de ce fait, Marie,
Eugénie et Zoé se disaient entre elles, en s'affermis-
sant toutes trois dans les mêmes sentiments : « N'écou-
tons personne que notre Mère et laissons les autres. »

Notre Mère se rendait compte avec soin de tout ce
que faisaient ses enfants, de toutes leurs démarches,
du but de leurs promenades, de leurs entretiens avec les

personnes du dehors. Par là, elle prévenait les fautes ou y remédiait promptement. Heureux temps, où la vigilance de nos parents écartait de nos pas les dangers qui sont, tous les jours, pour l'enfance et la jeunesse, une cause de perdition !

Remplie de zèle pour le bien de tous ses enfants, notre Mère éprouvait, pour notre cher et bon frère Jean-Baptiste, une sollicitude toute particulière : c'est qu'elle prévoyait que cet enfant, destiné à remplacer son Père dans la culture des champs, serait exposé dans le monde à de plus graves et à de plus nombreux dangers. Sans doute, il grandissait aux côtés de son Père, dont il était heureux de partager les travaux et d'imiter les vertueux exemples ; mais il y a tant de jeunes gens qui se laissent emporter à la dissipation, qui, dans leurs récréations, dépassent les bornes de la modération chrétienne et amoindrissent leur vertu ; et notre Mère craignait que son cher Jean-Baptiste ne les imitât. A sa fille aînée, qu'elle avait rendue la confidente de ses appréhensions, elle disait : « Prions beaucoup pour cet enfant-là ! » Qui pourra dire combien elle pria pour lui, surtout quand, en 1870, il dut quitter la famille pour se rendre sous les drapeaux? Elle avait appris à notre sœur aînée à le consacrer chaque jour à la Sainte Vierge par l'invocation suivante : « O notre » Souveraine, ô notre Mère ! Nous vous offrons notre » frère Jean-Baptiste, et, pour vous prouver notre dé- » vouement, nous vous consacrons aujourd'hui ses » yeux, ses oreilles, sa bouche, son cœur, tout lui- » même. Ainsi donc, ô Marie, puisqu'il vous appar_ » tient, gardez-le, défendez-le comme votre bien et » votre propriété. »

Notre Mère fit en sorte que, pendant le temps de son service militaire, Jean-Baptiste continuât à parti- ciper à la vie de famille. Elle lui adressait fréquem- ment des lettres où, à l'expression de l'amour maternel qui débordait de son cœur, elle ajoutait les plus sages conseils. En voici quelques fragments : « N'oublie pas » Dieu, mon cher fils, et offre-lui souvent ton cœur, car » c'est de lui que nous devons attendre ton retour. Sois » sobre dans l'usage du vin et prudent dans le choix de » tes amis. Je ne doute pas de ton courage pour suppor- » ter les fatigues des exercices militaires. Quand tu en- » treras dans une église, souviens-toi de ta mère : récite » pour elle un *Je vous salue Marie* (1). » — « Cher

1. Lettre de notre Mère à J.-B. — Ghissignies, le 17 octobre 1870.

» enfant, c'est mardi la fête de la Toussaint. Si, à cette
» occasion, tu pouvais t'approcher des Sacrements, que
» de grâces à obtenir ! Si tu ne le peux, n'oublie pas de
» bien prier. Ici, nous ferons la Communion pour toi ce
» jour-là (1). » — « Sois bon avec tous, mais évite trop de
» familiarité. N'oublie pas surtout de prier matin et soir,
» et, quand tu le pourras, récite ton chapelet (2). » Elle
lui écrivait encore au commencement de l'année 1871 :
« Cher enfant, je te remercie de tes bons souhaits ;
» ceux que je forme pour toi, c'est la santé et la paix.
» Ah ! si la guerre se terminait, quel bonheur ! nous au-
» rions l'espoir de te voir revenir près de nous. Mais, en
» attendant, armons-nous de courage, car nous sommes
» chrétiens. Que la volonté de DIEU soit faite. L'adora-
» tion du Très-Saint Sacrement s'est bien passée ; il
» me semble que tu ne l'auras pas oubliée : tâche de faire
» une bonne Confession et une bonne Communion (3).»

   « Cher enfant, c'est toujours avec un vif plaisir que
» nous recevons de tes nouvelles. Nous rendons grâces
» à DIEU de ce que notre correspondance n'a pas été
» interrompue et aussi de ce que tu es éloigné du péril.

---

1. Fin d'octobre 1870. — 2. Le 11 novembre 1870. — 3. Le 9 janvier
1871.

» Tant de jeunes gens de ta classe ont subi toutes les
» rigueurs de la guerre ! Tu sais combien facilement je
» m'inquiète à ton sujet : ne sois pas plus de huit jours
» sans donner de tes nouvelles (1). »

Dans d'autres lettres, cette Mère chrétienne inspire
à son fils la confiance en DIEU, l'obéissance à ses supérieurs, ou bien elle lui décoche, comme autant de
flèches enflammées, les paroles suivantes : « Ne man-
» que jamais l'occasion de prier !... Offre parfois ton
» cœur à DIEU pour ta mère... Tu sais avec quel soin
» j'ai toujours veillé sur toi : quand tu seras exposé au
» danger d'offenser DIEU, pense à ta mère. J'ai la con-
» fiance que tu nous reviendras aussi bon que tu es parti,
» car nous prions pour toi.... Nous avons fait dire, pour
» toi, une messe en l'honneur de saint Joseph. » Dans
ses lettres, toujours elle se recommande aux prières de
son cher fils.

Pour donner à la correspondance que la famille
entretenait avec Jean-Baptiste tout l'intérêt possible,
notre Mère voulut que Marie fût sa secrétaire et écrivît
fréquemment une longue lettre à notre frère. C'est
avec une aisance, une jovialité et une abondance mer-

---

1. Le 17 février 1871.

veilleuses que cette excellente sœur était le porte-voix de tous auprès du cher absent.

Tantôt elle lui propose un marché dont le paiement se fera avec une monnaie plus précieuse que l'or et l'argent : « Si tu le veux, nous ferons ensemble cette » convention : je t'écrirai tous les dimanches, mais » toi, tu seras obligé de réciter aussi tous les diman- » ches, devant Notre-Dame de Verdelais, un *Ave* » *Maria* pour moi. Si tu es content, je le suis aussi. » Moi je vendrai mes lettres, et toi, tu me les achèteras. » J'espère n'être pas une de ces marchandes qui veulent » vendre trop cher; non, je veux avant tout me créer » une bonne clientèle par la modicité de mes prix (1). » Jean-Baptiste souscrit de la meilleure grâce au désir de sa sœur et lui répond : « La proposition que vous me » faites me cause la plus grande joie. Je trouve que » votre marchandise n'est pas trop chère, et je me » garderai bien de vous demander une diminution » de prix; au lieu d'un *Ave Maria*, j'en réciterai » deux (2). » Tantôt elle lui adresse d'aimables reproches : « Notre Mère trouvait long ton silence; et

---

1. Ghissignies, le 6 novembre 1870.
2. Bordeaux, le 13 novembre 1870.

» en effet, dix grands jours, longs chacun de vingt-
» quatre heures, et qui nous paraissaient des ans, nous
» séparaient de tes dernières nouvelles. »

D'autres fois, elle lui raconte les travaux de la famille, les événements du village natal, ou bien, elle lui dépeint les fêtes du foyer, qui, depuis son départ, ne se célèbrent plus avec la même joie. Elle lui écrivait le 13 août 1871 : « Comme toi, à la Saint-Jean nous avions espéré
» être réunis pour la Sainte-Claire, et il n'en fut rien.
» Nous ne pouvons nous figurer que nous serons encore
» longtemps séparés de toi : on te voit toujours arriver,
» on t'aperçoit sur le chemin, on croit entendre pro-
» mulguer le décret qui te rendra à notre affection...
» Quand notre Père rentre fatigué le soir, nous pensons
» encore à toi qui n'as pu l'aider... Nous sommes cepen-
» dant un peu consolés, parce que nous voyons en toi une
» soumission admirable à la volonté de Dieu. Je t'en-
» gage beaucoup à persévérer dans ces bonnes dispo-
» sitions ; ce sera peut-être le meilleur moyen de toucher
» le cœur de Dieu. Tous les événements de la vie sont
» conduits par sa main puissante et invisible : ce serait
» donc peu de chose pour lui de nous rendre à toi et
» toi à nous. Mais avec toi, cher frère, je répète cette

» parole que tu as prise pour devise et que j'adressais
» à notre Mère le jour de sa fête : « Que la volonté
» de DIEU se fasse et non la nôtre ! » Notre cher
» François est au milieu de nous, mais tu nous manques.
» Le soir de son arrivée, nous avons présenté nos
» vœux de bonne fête à notre Mère. Nous lui disions,
» dans le compliment, que notre amour pour elle était
» à son comble et que nous espérions, par notre piété
» filiale, la dédommager un peu du chagrin que lui
» cause ton absence. Quand nous l'eûmes embrassée,
» on n'entendait plus que des sanglots : tous nous
» pleurions, et DIEU sait combien grand est notre
» sacrifice. »

Les prières de notre Mère et de toute la famille pour
Jean-Baptiste furent exaucées. Des lettres pleines
d'affection filiale et fraternelle venaient, comme de
joyeuses messagères, annoncer fréquemment à la
famille que le jeune militaire n'oubliait ni la prière, ni
la messe du dimanche, ni le devoir pascal, ni la Sainte
Vierge et qu'il aimait toujours la vertu et l'honneur.

Après un an de séparation, notre Mère, informée
de la prochaine arrivée de son fils et impatiente
de le revoir, alla en toute hâte à sa rencontre. Dès

qu'elle aperçut son cher Jean-Baptiste, elle courut à lui et le reçut dans ses bras : elle retrouvait bon et vertueux comme au départ, celui qu'elle n'avait cessé d'accompagner de ses prières et de sa sollicitude maternelle. Toute la famille goûta une indicible joie du retour de Jean-Baptiste.

O Mère bien-aimée, jamais nous n'oublierons la sagesse avec laquelle vous avez présidé à notre éducation, la sollicitude toute chrétienne dont vous avez entouré et nos corps et nos âmes, le zèle éclairé avec lequel vous avez écarté du chemin de notre enfance et de notre jeunesse les épines qui menaçaient de meurtrir nos pieds. Elle est trois fois vraie cette parole de l'un de nos poètes :

« Heureux l'homme à qui Dieu donne une sainte mère (1) ! »

---

1. Lamartine.

Chapitre Cinquième.

JOIES.

LE jeune âge aime le plaisir : si on ne le lui procure au sein de la famille, il le cherche avidement au dehors. Pour répondre à ce besoin inné du cœur de l'enfant et l'empêcher de devenir un danger pour l'innocence, notre Mère s'efforçait de lui donner satisfaction par d'honnêtes et agréables récréations. Qu'il fait bon, par exemple, se rappeler ces instants délicieux où nous étions tous groupés autour du foyer, comme une couronne vivante, pendant que notre Mère nous faisait des crêpes, des gaufres, etc. : comme son cœur était heureux de notre innocente joie et comme son visage rayonnait de bonheur! En attendant d'être servis chacun à notre tour, nous causions gaîment, attentifs à tous les mouvements de notre Mère ou occupés à comprimer les impatiences du chien qui réclamait sa part du festin par des assauts de caresses ou des aboiements impérieux. Cette scène charmante s'est renouvelée très souvent, car notre bonne Mère ne laissait passer inaperçus, aucune fête de la famille ou du village, ni aucun événement de quelque importance : c'était la nuit des Rois, la veillée de la Saint-Martin, l'arrivée en vacance ou le départ de François; c'était encore l'heureuse issue des travaux de la moisson ou la bénédiction de DIEU sur les animaux domestiques qui se multipliaient.

Les dimanches étaient aussi des jours de douces récréations : on avait travaillé avec courage ou étudié avec ardeur pendant toute la semaine, et partant, on avait comme acquis le droit de se livrer à la joie. C'étaient tantôt de délicieuses promenades dans les prés d'où l'on revenait les mains pleines de fleurs, tantôt d'agréables amusements à la maison : les plaisirs variaient presque chaque semaine, et il semblait que le dimanche il nous fût permis de tout mettre sens dessus dessous, tant nos parents se montraient les témoins bienveillants de nos jeux !

Les soirées d'hiver avaient un charme tout particulier. Assis à l'harmonium, Jean-Baptiste faisait entendre les beaux morceaux de musique qu'il préparait pour rehausser l'éclat des fêtes de l'Église. Quand Jean-Baptiste avait suffisamment réjoui les oreilles, Louis récréait et édifiait les esprits par une lecture à haute voix. Parfois aussi, nos sœurs ménageaient à la famille quelque agréable surprise. Un soir, elles sortirent des meubles, à l'insu de notre Mère, tout ce qu'il y avait dans la maison de robes, de ceintures, de dentelles et de rubans ; elles s'habillèrent, chacune à sa façon, puis vinrent toutes l'une après l'autre saluer leur Mère. Celle-ci se montra très gracieuse envers les petites dames : elle les embrassa, les invita à s'asseoir et leur parla de ses jeunes années. Nos sœurs lui demandèrent pourquoi elle ne leur faisait pas porter de grandes toilettes. Elle leur répondit avec esprit : « Mes enfants, je ne vous en empêche » pas ; si vous voulez commencer dès maintenant, j'y » consens. » Chacune de répondre aussitôt : « Oh! non, » ma Mère ; si nous nous sommes ainsi parées, c'est » seulement pour nous récréer. » Les aînées exprimèrent ensuite le désir de savoir pourquoi, alors qu'elles étaient petites, leur Mère les habillait élégamment : Eugénie disait se rappeler la couleur et les falbalas des robes qu'elles avaient portées jadis. Notre Mère sourit et répondit à ses filles : « C'est » vrai, mes enfants, j'ai mis un peu de vanité dans

» vos premiers vêtements, mais quand j'ai vu que le
» bon Dieu me donnait une si grande famille, je lui
» ai dit : « Mon Dieu, nous ne sommes pas riches,
» mais c'est pour vous que je vais élever et soigner
» tous ces enfants, en vue de vous plaire et d'attirer
» vos bénédictions sur eux et sur nous. » Comme je
» vous élevais pour lui, je ne devais pas vous inspirer
» la vanité ; voilà pourquoi, depuis la Première Com-
» munion de Marie, je vous habille aussi simplement
» que possible, vous laissant libres cependant de dési-
» rer mieux ; vous ne l'avez pas fait, vous êtes restées
» dans ces goûts simples : je ne puis qu'en remercier
» le bon Dieu, car je vous aime mieux comme cela
» qu'autrement. » En effet, les cinq sœurs portaient
toujours des vêtements de même genre et de même
couleur. Quand elles sortaient, notre Mère les conduisait jusqu'à la porte de la rue et semblait les regar-
der avec complaisance ; mais son maintien montrait
que son cœur s'élevait alors vers Dieu pour le remercier des bénédictions qu'il daignait répandre sur sa
famille.

Parfois, la Providence permettait que les joies de
la famille fussent, pour nos parents, comme un éclair

illuminant soudain les obscurités de l'avenir. Dans une séance récréative, donnée à la réunion dominicale de Ghissignies, Eugénie devait chanter une romance sur la Sœur de Charité. Notre Mère s'efforça de procurer à sa fille un costume adapté à la circonstance : elle examina attentivement celui des Sœurs du Quesnoy, et parvint à le reproduire avec une adresse étonnante. C'est sous la cornette blanche qu'Eugénie, âgée de treize ans environ, fit entendre d'une voix émue, la complainte suivante :

Dolorosa.

— Je vins au monde un soir d'automne ;
Le vent soufflait, les fleurs mouraient ;
Et sous le toit que Dieu leur donne,
Que d'enfants comme moi pleuraient !
Sur le parvis d'une chapelle,
Par un froid noir on m'exposa.
C'est pour cela que je m'appelle,
Je m'appelle *Dolorosa.*

— L'aube naissante allait paraître,
J allais mourir près du saint Lieu,
Quand un sauveur, un noble prêtre,
Recueillit cette enfant de Dieu.
L ange gardien, ployant son aile,
Au nom du Christ me baptisa.
C est depuis lors que je m'appelle
Je m'appelle *Dolorosa.*

> — De mon sauveur j'ai souvenance,
> Je porte encor son crucifix ;
> Pour lui toujours, depuis l'enfance,
> J'ai prié la Vierge et son Fils.
> Reconnaissance humble, éternelle,
> Mon triste cœur se l'imposa.
> Je me souviens que je m'appelle,
> Je m'appelle *Dolorosa.*
>
> — Sans nul ami qui me soutienne,
> J'ai fui le monde et pour toujours ;
> Pauvre orpheline, âme chrétienne,
> Aux souffrances j'ai voué mes jours.
> La charité me le rappelle :
> Ah ! que de maux elle apaisa !
> Je suis la sœur que l'on appelle,
> Qu'on appelle *Dolorosa.*

Ce chant suave émut nos parents jusqu'aux larmes. Notre Mère embrassa avec effusion la petite Sœur de Charité, qui crut lire dans son cœur un désir et un souhait. L'avenir prouvera qu'Eugénie avait raison. Bien des fois, dans la suite, nos parents et toute la famille exprimèrent le désir d'entendre encore la romance *Dolorosa ;* Eugénie accédait volontiers à notre demande et nous charmait tous, en tirant de l'harmonium et de sa belle voix les sons les plus mélodieux.

Les jours de procession étaient pour toute la famille

des jours de grande liesse : il n'y avait personne qui n'y remplît quelque fonction. A une procession de la Fête-Dieu, le prêtre venait de déposer le Saint Sacrement sur l'autel d'un beau reposoir adossé au presbytère. Notre Père, portant un flambeau, suivait des yeux les mouvements du prêtre, quand ses regards sont frappés par la vue d'un petit ange aux ailes blanches sur fond d'or, dont la chevelure retombait en boucles sur ses épaules. Cet ange avait ses petites mains jointes, les yeux modestement baissés, et se trouvait rapproché du Saint Sacrement, presque sur l'autel, dans l'attitude de la prière et de l'adoration. Tout, dans ce petit enfant à la figure si innocente, à l'extérieur si angélique, attirait notre Père et le touchait. Quel est donc cet enfant ? se demandait-il, je ne le reconnais pas pour être du village. Cependant la mère de l'enfant n'était pas loin ; elle se tenait cachée derrière le feuillage, veillant sur son petit ange si docile à toutes ses recommandations.

Cette bonne mère avait voulu faire une surprise à son époux, et elle était là, priant avec ferveur pour tous les siens.

Après la cérémonie, alors que tous les membres de

la famille se trouvaient réunis, échangeant leurs impressions, le Père dit : « Quel était donc cet enfant qui se tenait si pieusement les mains jointes ? on eût dit un ange descendu du ciel ! en vain j'ai cherché à deviner qui ce pouvait être. — C'est surprenant, dit notre Mère, que vous ne l'ayez pas reconnu. » Aussitôt elle appela Julie, âgée seulement de deux ans, qu'on avait cachée à dessein pour jouir de la surprise du Père. La petite Julie accourut, encore habillée en ange, et vola dans les bras de son Père qui tout ému l'embrassa.

Un délassement cher à nos sœurs, c'était la confection de fleurs artificielles pour l'église. Parfois notre Mère accordait à ses filles un jour ou deux de la semaine pour les consacrer à ces pieux travaux. Un hiver, nos sœurs rassemblèrent leurs petites épargnes et achetèrent de quoi faire des roses de mer. Elles se mirent à l'œuvre avec ardeur et eurent même recours à la collaboration de notre Mère et de Louis : on voulait que les bouquets fussent terminés pour la Noël. Comme ce jour-là parents et enfants étaient heureux d'avoir contribué à orner le sanctuaire par leur modeste présent !

Si grandes que fussent toutes ces joies, nous en goûtâmes de plus pures encore. Les jours de Première Communion étaient en effet pour nous comme des jours ravis au ciel. Notre Mère nous y préparait avec tant de soin, elle priait tant pour nous, elle nous mettait si bien au-dessus des petites préoccupations qui, à ces grandes époques de la vie, absorbent trop souvent l'attention des parents et des enfants ! A l'approche du grand jour, elle nous répétait fréquemment : « Vous ne devez nullement penser à vos vête-
» ments ni à votre cierge, mais au bon DIEU : n'ayez
» d'autre souci que celui de préparer votre cœur au bon
» DIEU qui va y descendre; n'ayez d'autre désir que
» celui de l'aimer beaucoup. » Le jour de la Première Communion, pour participer plus intimement à notre bonheur, elle mangeait avec nous le pain des anges. Entre les offices, elle nous invitait à nous retirer dans une chambre solitaire pour y prier dans le recueillement : elle voulait nous faire savourer notre bonheur et adresser à DIEU un fervent merci.

Au dîner, la table présentait une solennité tout extraordinaire : M. le Curé la présidait, notre oncle et notre tante de Poix y siégeaient avec toute la famille.

A la droite du vénérable prêtre, qui nous a tous tant aimés, était assis le héros de la fête, qu'on entourait de mille attentions délicates.

Pour assurer les fruits de la Première Communion dans l'âme de ses enfants, notre Mère leur adressait de sages conseils : à l'aînée de ses filles, elle disait en l'embrassant : « Mon enfant, maintenant que vous » venez de recevoir le bon DIEU, il ne faut plus » l'offenser. » A une autre : « Après avoir reçu JÉSUS » dans votre cœur, vous devez le faire voir extérieu- » rement par plus de piété et moins de caprices... »

Pendant près de quinze ans, ces fêtes se répétèrent avec les mêmes émotions délicieuses : quand il n'y avait pas de premier communiant dans la famille, il y avait, pour l'un de nous, la seconde Communion qu'on célébrait comme la première. Plus tard on perpétua par de joyeux anniversaires le souvenir de ces journées inénarrables.

Après les fêtes de Première Communion, celles qui ont laissé dans nos âmes les plus suaves impressions sont la Sainte-Claire et la Saint-Jean-Baptiste : ces jours, en effet, nous fournissaient l'occasion de donner libre cours à notre reconnaissance. Quelque temps

avant le 12 août, nous nous réunissions secrètement
pour délibérer au sujet du présent à offrir, des moyens
à prendre pour nous le procurer avec le fruit de nos
épargnes, du compliment à rédiger. La veille, il y avait
des chuchotements, des allées et venues inaccoutumés
que nos parents feignaient de ne pas remarquer : nous
cueillions les plus belles fleurs des parterres, et Eugénie, avec un goût exquis, faisait un superbe bouquet.
Le soir, après le repas, nous nous dérobions pour
revenir presque aussitôt : une joie pure illuminait nos
fronts et y faisait briller le bonheur que nous éprouvions
d'être les enfants d'une aussi bonne Mère. Celui-ci
portait le bouquet, celle-là le présent, un autre le
compliment dans lequel il s'était efforcé de faire passer
toute son âme. Voici quelques épis de cette riche
moisson de sentiments qui remplissaient ces humbles
compositions : « Chaque année, bien chère Mère, le
» jour de votre fête trouve nos cœurs remplis d'une
» joie plus vive, d'une reconnaissance plus grande et
» d'une affection plus forte, parce que, dans le cours
» de chaque année, nous avons sous les yeux de
» nouveaux exemples de vos vertus et de plus grands
» témoignages de votre amour maternel. Laissez-nous,

» Mère chérie, vous redire cette parole qui rend fidè-
» lement tous nos sentiments : nous vous aimons et
» nous vous aimerons à tout jamais ! Toujours votre
» bonheur sera notre bonheur ; vos joies seront tou-
» jours celles de vos enfants, vos tristesses seront tou-
» jours les leurs... Si parfois nous avons la douleur de
» vous voir souffrir, c'est que, pour notre bien, vous
» n'avez épargné ni veilles, ni fatigues !... Vous veillez
» sur nous de peur que le monde ou le démon ne vien-
» nent à enlever de nos cœurs les germes de vertu que
» votre sollicitude maternelle y a fait naître... Vous
» aussi, comme la mère de notre grand roi saint Louis,
» vous eussiez préféré nous voir morts plutôt que
» souillés d'un péché mortel... Le jour de la Sainte-
» Claire sera toujours pour nous un jour d'actions de
» grâces à DIEU de nous avoir donné une telle Mère !...
» Ce bouquet que nous vous offrons se fanera, mais
» nous vous en destinons un autre qui ne passera pas ;
» demain, nous le remettrons à JÉSUS en votre faveur :
» les fleurs qui le composeront seront nos prières,
» l'assistance à la Messe et la sainte Communion. »

Après l'expression des souhaits de bonne fête, nous
offrions à notre Mère, qui, avec ses enfants, pleurait

de bonheur, et le bouquet, et le présent : celui-ci consistait en quelque objet pieux, en la vie d'un saint, en une corbeille chargée de dix fleurs artificielles destinées à rappeler à notre Mère le nombre de ses enfants, etc.

Ces joies ineffables, avec toutes celles dont nous avons parlé plus haut, étaient autant les joies de notre Mère que les nôtres : n'en était-elle pas l'affectueuse promotrice ou l'objet bien-aimé ? Et puis, comme sa main délicate savait en réprimer les défauts ou en modérer l'ardeur ! Toutes ces délices nous attachaient à la vie de famille par les liens les plus étroits et les plus doux ; nous n'avions garde de désirer les plaisirs du monde, qui, à nos yeux, n'étaient qu'une vaine fumée, incapable de rassasier nos cœurs et indigne d'y pénétrer.

Chapitre Sixième.

ABNÉGATION ET CHARITÉ.

S'OUBLIER elle-même et se dévouer pour les autres, faire abnégation de sa volonté et de ses désirs pour embrasser la volonté et les désirs des autres, se faire en un mot toute à tous pour le plus grand bien de sa famille ou du prochain, c'était là comme la nourriture quotidienne de notre vertueuse Mère. Elle pratiquait avec une si haute perfection le renoncement à soi-même, qu'on eût dit que, même en sacrifiant ses préférences, elle faisait encore ce qui répondait le plus à ses goûts personnels.

L'assistance aux offices de l'Eglise était pour elle une douce jouissance ; néanmoins, le dimanche elle savait se contenter de la messe basse le matin, et du salut du Très Saint Sacrement le soir, afin que tous, Père et enfants, pussent aller à la grand'messe et aux vêpres ; et jamais on ne l'entendait se plaindre d'être toujours la gardienne de la maison.

Pour faire face aux besoins de sa nombreuse famille,

elle s'adonnait au travail avec un courage infatigable. Souvent, tandis que tous reposaient, elle continuait de coudre jusqu'à une heure avancée de la nuit. Il fallait même que notre Père, inquiet pour sa santé, modérât son ardeur et imposât des bornes à son activité.

Jamais on ne la vit hésiter devant un sacrifice. Il arriva que les fonds, parfois considérables, que notre Père devait laisser dans le commerce, et aussi les dépenses multiples que nécessitait notre éducation, mirent la famille dans la gêne. C'est dans l'une de ces circonstances que notre généreuse Mère rassembla ses joyaux en or : chaînes, croix, bagues, boucles d'oreilles, et les porta elle-même à Cambrai pour les vendre à un orfèvre ; elle ne garda qu'une petite colombe, symbolisant le Saint-Esprit, que chacune de ses filles avait portée à la Première Communion, et quelques croix destinées à nos sœurs pour les jours de processions : elle renonça à tout le reste. Ce sacrifice lui fut sensible, car elle tenait à ces souvenirs de famille : les jours de fête, pour nous récréer et nous récompenser, elle aimait à nous les montrer et à nous en expliquer l'origine. Malgré cette attache si légitime à un trésor qui lui rappelait sa mère et d'autres personnes qu'elle avait tendrement aimées, c'est à peine si quelques larmes, qu'elle refoula aussitôt, vinrent mouiller ses yeux ; et jamais dans la suite on ne l'entendit exprimer à ce sujet le plus léger regret.

Notre Mère eut à souffrir des attaques inconsidérées de la part de certaines personnes, parfois même de parents dont le sens chrétien n'était pas assez élevé pour comprendre les principes qui la guidaient dans l'éducation de ses enfants. Ni les blâmes dirigés contre elle, ni les essais indiscrets, habilement tentés à son insu, pour pousser ses filles au mariage, ni les manques d'égard à son adresse ou à celle de ses enfants, ne pouvaient altérer la sérénité de son âme ou lasser sa charité envers le prochain. A l'une de nos sœurs, qui lui rapportait les paroles de critique blessante qu'elle avait entendues, elle se contenta de répondre avec calme et d'un ton profondément convaincu : « Laissez » les dire, Marie : il vaut bien mieux s'occuper du bon » Dieu que de tout cela ! »

Elle avait pour son époux l'affection la plus généreuse. Quelle prévenance de tous les instants, quelle bonté mêlée d'une délicatesse respectueuse, quelle attention à accomplir ses moindres désirs, avec quel

soin elle nous apprenait à le respecter et à lui obéir !
Quand notre Père s'absentait pour les affaires de son
commerce, elle nous faisait prier pour qu'il eût un bon
voyage ; à son retour, tout était disposé de manière
qu'il n'eût qu'à se reposer de ses fatigues : il y avait
alors comme un rayonnement de bonheur sur le visage
des deux époux, se délassant après une journée de
labeurs par un doux et cordial épanchement.

Non contente de s'immoler pour sa famille et son
époux, notre Mère savait encore donner aux pauvres
une large part des trésors de charité et de dévouement
renfermés dans son cœur. Elle aimait beaucoup les
membres souffrants de JÉSUS-CHRIST, et était fort
ingénieuse à leur faire du bien. Dans ses aumônes, sa
main gauche ignorait ce que faisait sa main droite :
« Bien des fois, dit l'aînée de nos sœurs, elle croyait
» n'être pas remarquée dans sa charité ; mais grâce à
» mon indiscrétion, je la comprenais : les privations
» qu'elle s'imposait étaient au profit des pauvres. » Au
reste ce lui était un bonheur d'enseigner l'amour des
pauvres à ses enfants : « Portez, nous disait-elle, cette
» aumône au nécessiteux qui prie devant la maison. »
Ou encore : « Faites entrer cet infortuné, afin qu'il se

» réchauffe et mange. » Quant aux pauvres honteux du village, elle leur faisait porter du pain, en cachette, par Marie à qui elle recommandait de n'en rien dire à personne ; Eugénie ne fut initiée au secret que quand elle fut chargée elle-même d'une semblable mission. Un jour d'hiver, que le froid était glacial et la terre couverte de neige, notre Mère envoya Marie et Zoé porter du bois et des aliments à une famille qu'elle savait être plongée dans une grande misère. Elle ordonna aux petites messagères de déposer le tout à la porte de la maison sans y entrer : par là elle voulait laisser ignorer l'auteur du bienfait et apprendre à ses filles à faire l'aumône pour l'amour de Dieu. C'ést ainsi que nos sœurs contractèrent l'habitude de visiter les pauvres, les malades et les vieillards infirmes. Le dimanche, par exemple, elles allaient souvent porter des aliments et des douceurs à une vieille femme abandonnée qui demeurait près de Beaudignies : nos parents attendaient leurs filles pour le dîner ; et ils étaient si heureux de les entendre raconter la joie de la pauvre vieille, que leurs yeux se remplissaient de larmes.

Notre Mère raccommodait avec soin nos vieux vêtements pour les donner aux enfants indigents ; elle procurait du fil, de la laine, des morceaux d'étoffe et des aiguilles aux femmes pauvres, afin qu'elles pussent entretenir les habits de leur famille. On connaissait si bien son bon cœur, que fréquemment des mères de famille, après avoir acheté de quoi faire un vêtement, venaient trouver Marie-Claire (c'est ainsi qu'elles aimaient à l'appeler) : celle-ci, avec son amabilité ordinaire, laissait aussitôt sa besogne et passait une heure, et quelquefois davantage, à couper, à agencer et à essayer le vêtement ; puis la pauvre femme s'en allait, après force remerciements, tout heureuse de pouvoir achever elle-même le travail sans aucuns frais.

Elle aimait à visiter les malades, à panser leurs plaies, à leur prodiguer des soins de propreté, à les préparer aux derniers sacrements. Que d'heures n'a-t-elle point passées au chevet de sa bien-aimée sœur Scholastique et à celui des demoiselles Mélanie et Sophie Hannoire! Dans ses souvenirs de famille, Eugénie parle d'une pauvre infortunée réduite à la plus profonde misère : notre Mère la nettoya, la délivra des insectes qui la rongeaient et prit soin d'elle jusqu'à sa mort.

Quand, en 1870, la petite vérole exerçait ses ravages à Ghissignies, personne n'osait sortir, tandis que notre Mère courait çà et là visiter et soigner les pauvres malades. Sa présence les soulageait et leur inspirait le courage de souffrir pour Dieu. Elle les préparait même à faire le sacrifice de leur vie et de leurs enfants. Après les avoir aidés à mourir chrétiennement, elle les ensevelissait malgré l'odeur infecte qu'exhalaient leurs cadavres. Dieu permit que jamais elle n'en éprouvât le moindre mal.

Elle avait acheté à nos sœurs toute une chapelle, pour ainsi dire, afin qu'elles pussent orner décemment la chambre des malades pauvres pour la réception du Saint Viatique : un crucifix, des chandeliers, des bouquets, une nappe, rien ne manquait au petit autel sur lequel devait reposer le Dieu de nos Tabernacles. Les personnes aisées elles-mêmes réclamaient la visite de notre Mère ou de ses filles pour ces sortes de circonstances. Il est donc peu de familles, à Ghissignies, qui n'aient reçu d'elle quelque bienfait.

A l'aumône du corps, son zèle lui faisait ajouter celle de l'âme sous la forme d'un sage conseil ou d'une parole de consolation. Elle exhortait un jour une mère de famille à corriger ses enfants et lui montrait que,

en les élevant dans la crainte de DIEU, on travaille
pour soi-même. Que de fois des femmes, accablées
de peines et rongées de soucis, sont venues s'ouvrir à
notre Mère avec confiance ! D'un signe elle nous faisait sortir pour mettre à l'aise ces cœurs attristés.
Par de bonnes paroles elles les consolait, relevait
leur courage, leur enseignait le pardon des torts du
prochain. Il leur semblait que leur consolatrice avait
rappelé le bonheur dans leur âme et à leur foyer.
A une pauvre mère, inconsolable de la perte de son
enfant, elle adressait ces paroles pleines de foi : « C'est
» un dur sacrifice, je le comprends : j'y ai passé moi-
» même ; mais il faut avant tout se soumettre à la
» volonté de DIEU, car il est le Maître ; de plus, nos
» enfants ne sont pas à nous : il ne fait que nous
» les prêter, c'est un simple dépôt que nous avons
» entre les mains. En nous soumettant, nous ne fai-
» sons que lui rendre ce qu'il nous a donné. »

Sous l'œil bienveillant de notre Mère, Marie et
Eugénie enseignaient le catéchisme aux enfants peu
instruits des vérités religieuses, et les préparaient à la
Première Communion. Plus tard, quand une loi impie
exclut le catéchisme de l'école primaire, Zoé, Lucie et

Julie groupèrent à la maison, presque chaque jour, tous les enfants qui se préparaient, de loin ou de près, à la Première Communion. Si salutaire que fût cette œuvre, elle causait bien des allées et venues devant les fenêtres de la maison, dans la cour et le jardin : notre charitable Mère supportait de bon cœur le tapage des enfants et souriait de leurs espiègleries. Quand arrivait l'époque de la Première Communion, elle recevait chez elle les jeunes retraitants pendant leurs temps libres et les surveillait même au besoin. Le jour de la Première Communion elle les embrassait pour leur montrer combien elle se réjouissait de leur bonheur.

Comme la bibliothèque paroissiale avait son siège chez notre Mère, les enfants et les jeunes filles y venaient en grand nombre pendant la saison d'hiver, pour demander ou rapporter des livres. Oubliant la fatigue qui en résultait pour elle-même, elle leur faisait un accueil gracieux, à la pensée du bien que produit la lecture des bons livres.

Tant d'abnégation de soi-même, tant de dévouement pour les autres, tant d'amabilité chrétienne dans les procédés ne pouvaient tirer leur source que d'une âme remplie de la plus ardente charité. Aussi n'était-il point surprenant que le visage de notre bien-aimée Mère respirât une bonté captivant les cœurs et faisant dire aux personnes qui la visitaient pour la première fois : « Après avoir vu Madame Lobry, on ne » saurait s'empêcher de l'aimer ! »

Chapítre Septième.

VOCATION ET MISSION DU FRÈRE ET DE LA SŒUR AINÉS.

SEMBLABLE à un champ que des mains habiles et laborieuses ont remué et ensemencé avec soin, la famille commençait à produire des fruits de vertu qui réjouissaient les regards de nos bons parents. Ils nous avaient montré, par leurs exemples plus encore que par leurs paroles, la beauté des commandements de Dieu et de l'Eglise ; ils nous avaient fait goûter ce qu'il y a de noble dans la simplicité des mœurs, dans le désintéressement et l'abnégation évangéliques. Ils espéraient par là avoir contribué à assurer notre avenir : ils ne se trompaient point. Toutefois leurs enfants allaient-ils, comme eux, fonder une famille chrétienne, ou seraient-ils appelés par Dieu à travailler dans une sphère d'action plus vaste, en embrassant le sacerdoce ou la vie religieuse ? L'avenir nous montrera que cette dernière alternative fut le lot de la plupart d'entre eux.

Déjà nous avons vu que François était entré au Petit Séminaire avec le désir de devenir prêtre. Sa vocation eut en quelque sorte sa racine dans la piété de notre Mère. Il n'y manquait que le sceau de l'épreuve : une santé délicate fut le moyen dont Dieu se servit pour l'épurer au creuset de l'expérience. Forcé d'interrompre fréquemment ses études, François crut enfin qu'il devait suivre une autre route. Les sages conseils de notre Père, les prières ferventes de notre Mère qui avait la conviction inébranlable que son fils aîné avait la vocation du sacerdoce, le ramenèrent bientôt à l'ombre du sanctuaire. Du Grand Séminaire de Cambrai (15 octobre 1868), il écrivait à nos parents la lettre suivante qui fit répandre de bien douces larmes à notre Mère :

« Sans pouvoir bien m'en rendre compte, je suis
» tout ému cette fois en commençant ma lettre. Je dis
» que je ne sais trop pourquoi, je me trompe cepen-
» dant, car je sens dans le fond de mon cœur quelque
» chose qui me fait avoir les larmes aux yeux en ce
» moment même, et ce quelque chose est un sentiment
» de reconnaissance et d'amour. Jamais je n'ai res-
» senti plus vivement que maintenant combien je vous

» étais redevable pour tout ce que vous avez fait et
» faites encore pour moi ; et cependant, que deman-
» dez-vous en retour de tant de peines, de tant de
» sacrifices que vous vous imposez ? Vous demandez
» bien peu de chose : que vos enfants vous con-
» tentent par leur conduite ; car vous savez que la
» voie du bien seule les rendra heureux, et vous ne
» souhaitez que d'être heureux de leur bonheur. Cette
» pensée, mes chers Parents, me rappelle des souvenirs
» bien cruels, car, méconnaissant tout ce que vous
» aviez fait pour moi, je vous ai causé de la peine,
» beaucoup de peine même. Ah ! mon cher Père,
» vous ne m'avez pas dit toute la tristesse que vous
» éprouviez ; et vous, ma bonne et tendre Mère, vous
» ne m'avez pas dit toutes les fois que vous aviez
» pleuré sur moi ; non, vous ne me l'avez pas dit,
» mais je comprends votre douleur, et c'est ce qui me
» fait verser des larmes qui obscurcissent ma vue et
» m'empêchent d'écrire. Ah ! s'il fallait donner ma vie
» pour racheter la peine que je vous ai causée, je la
» donnerais de suite et de bon cœur, mais je sais
» que vous ne demandez pas cela de moi. Je m'ef-
» forcerai donc toujours à vous rendre heureux et

» à agir de façon que vous soyez contents de moi.

» Me voilà entré dans une vie nouvelle, dans une
» vie de prière et de préparation au sacerdoce ;
» souvent, très souvent, je prierai pour vous, mes
» chers et bons Parents. J'ai surtout pensé à vous dans
» la Communion qui a suivi la retraite : j'ai demandé
» à Jésus, par l'amour qu'il avait eu pour sa Mère, de
» vous bénir, mon bon Père, et de vous rendre heu-
» reux dans vos enfants ; c'est ce que j'ai demandé
» aussi pour vous, ô ma bonne et tendre Mère ; et
» certes Dieu ne peut refuser une telle grâce à d'aussi
» généreux Parents. »

Désormais ce bien-aimé frère sera pour notre Père,
notre Mère et chacun de ses frères et sœurs, comme
un flambeau lumineux et une force entraînante. Tout
en suivant sa vocation d'un pas sûr, il remplira auprès
de la famille, par ses conseils écoutés, par ses lettres
remplies de bonté, de fermeté, de sagesse toute surnaturelle, une mission vraiment providentielle ; il
exercera, pour le plus grand bien de tous, comme un
droit d'aînesse d'ordre moral. Notre Mère considérera
ces choses en silence, les gravera dans son cœur, et, à
la tête de tous les siens, elle marchera à pas de géant

dans la voie de la perfection et des héroïques sacrifices.

Appelé à la tonsure à la fin de sa philosophie, notre
frère disait à ses parents (1) : « Je vais avoir l'insigne
» faveur d'être admis parmi les lévites du Seigneur ;
» cette pensée remplit mon cœur de joie, et cette joie,
» j'aime à le croire, sera partagée par vous tous. Je
» vais donc désormais appartenir à DIEU et lui être
» consacré, non pas définitivement, mais cependant,
» c'est le commencement de mon sacrifice et du
» vôtre. Je vais être tonsuré, c'est-à-dire que je ne
» serai plus du monde, je ne vous appartiendrai
» même plus !... mais j'appartiendrai tout entier au
» Seigneur. La voix de DIEU m'appelle, et exigeât-elle
» de moi que je vous quitte, que je me sépare tout
» à fait de vous tous, que j'abandonne le pays qui
» m'a vu naître... le sacrifice serait grand ; mais je
» dois être, et je crois qu'avec la grâce de DIEU je
» serais prêt à le faire. Priez donc pour moi, afin
» que je puisse dignement répondre à l'appel de DIEU
» et me bien préparer à l'ordination qui a lieu le 29
» juin. »

____

1. Grand Séminaire, Cambrai, le 31 mai 1869.

Un tel langage fut pour notre Mère toute une révélation : elle commença à comprendre que cet enfant, qui s'appelait *François-Xavier*, pourrait bien être un jour non seulement prêtre de Jésus-Christ, mais apôtre de l'Evangile dans les pays lointains.

Après trois ans de professorat à l'Institution de l'Assomption de Bavai, François rentra au Grand Séminaire pour y commencer ses études théologiques. Les lettres qu'il adressa de Cambrai à ses parents pendant l'année scolaire 1872-1873, firent peu à peu la lumière dans leurs esprits et ne laissèrent plus à notre Mère affligée le moindre doute sur le sacrifice que Dieu lui demanderait bientôt :

« Ma vie, bien cher Père, bien chère Mère, a été une
» vie d'épreuves de tous genres. Cette vie, je l'ai fait
» connaître à mon directeur, et il y a vu des miracles
» de grâce. « L'action invisible de Dieu ne vous a
» jamais abandonné, m'a-t-il dit ; oui, courage et con-
» fiance ! Dieu vous appelle au sacerdoce, travaillez à
» vous en rendre digne. » Ces grâces, ces prodiges
» que je voudrais pouvoir vous dire, je les dois à vos
» prières, aux prières de ceux qui m'aiment : merci,
» merci du plus profond de mon cœur. Comme au

» commencement de l'année, je suis encore convaincu
» de mon indignité au sacerdoce, mais cette pensée
» ne me trouble plus, car Dieu m'a parlé par la bouche
» de ceux qui me dirigent.

» Chers Parents, vous voyez votre famille se déve-
» lopper et grandir en âge et en vertu, et cette vue
» fait votre bonheur. Ayant toujours bien compris que
» vos enfants n'étaient qu'un dépôt que le Ciel vous
» avait confié, dès leur jeune âge, vous avez tourné
» leurs cœurs vers Dieu et vous avez travaillé à
» développer les germes de toutes les vertus dans
» ces cœurs si chers. Cher Père, chère Mère, ces
» vertus portent déjà leurs fruits autour de vous par
» le bonheur qu'elles vous font goûter dans vos enfants ;
» mais là ne s'arrêtera pas l'action de Dieu sur l'âme
» de ces enfants ; déjà deux de vos fils répondent à
» l'appel d'en-haut et se préparent au sacerdoce.
» Croyez-vous que Dieu ne parlera qu'à vos fils ? Non,
» tant s'en faut ; et tenez-vous prêts à vous entendre
» dire par la plupart de vos filles : « Mon Père, ma
» Mère, je désire me marier, mais c'est Jésus-Christ
» que je veux pour époux ; nul autre que lui n'aura
» mon cœur. » Ces paroles, chers Parents, vous saurez

» les entendre, vous saurez surtout les comprendre,
» car vous aimez trop vos enfants pour vouloir leur
» malheur. Quels reproches, en effet, n'auriez-vous
» pas à vous faire, si, après avoir empêché vos enfants
» de suivre leur vocation, ils venaient à tourner mal
» et à se perdre ? Non, jamais, chers Parents, vous ne
» vous exposerez à un tel malheur, et, encore une fois,
» vous aimez trop vos enfants pour ne pas savoir faire
» pour eux des sacrifices, quelque grands qu'ils soient.
» Eprouvez leur vocation dans de justes limites, mais
» si, après plusieurs années d'épreuve, cette vocation
» persévère, en conscience et devant Dieu, vous êtes
» obligés de donner votre consentement ; en agir
» autrement, ce serait résister à Dieu, et je sais que
» jamais vous ne voudrez dire *non*, quand Dieu dira
» *oui*.

» Ne croyez pas surtout que le sacrifice n'aura pour
» vous que de l'amertume ; non, mille fois non. La
» première fois que vous vous agenouillerez en pré-
» sence de Dieu, dites-lui : « Mon Dieu, mes enfants
» sont à vous ; si vous me les demandez, j'en fais le
» sacrifice ; mon cœur en est déchiré, mais j'ai confiance
» que vous me saurez gré de mon sacrifice, et que vous

» me consolerez. » Non, mon cher Père, ma bonne et
» aimée Mère, vos enfants, vous ne les avez pas élevés
» pour le monde ; c'est à Dieu que vous les donnerez.
» Dès maintenant, faites-vous à la pensée du sacrifice ;
» faites-le, ce sacrifice, faites-le tous les jours devant
» Dieu, et vous verrez quelle force se répandra dans
» vous ; et si vous versez des larmes, vous éprouverez
» combien elles seront douces. Oui, chers Parents,
» j'en ai la conviction, vos enfants seront tous à Dieu :
» vous saurez les lui donner ; et, après avoir été tour à
» tour des causes de peines et de joies, de sacrifices et
» de consolations, ils seront un jour votre couronne.
» Cher Père, chère Mère, la vie passe si vite et dans
» le monde elle est si amère !

» Chers Parents, mon cœur est rempli de choses
» qu'il voudrait encore vous dire, mais mon papier
» est presque tout écrit. Priez pour moi, de mon côté,
» je prie aussi pour vous, je prierai encore plus, si c'est
» possible, afin que vous compreniez bien les véri-
» tables intérêts de vos enfants, et que Dieu vous
» donne le courage dont vous aurez besoin pour les
» sacrifices, qu'en Parents chrétiens vous saurez faire
» généreusement. Ne comptons pas avec Dieu, et il

» ne comptera avec nous que pour nous récompenser
» au centuple. »

« Cher Père, chère Mère, je suis heureux de vous
» apprendre tout d'abord que je suis appelé aux ordres
» mineurs. Comme vous le savez, pour arriver à être
» prêtre, il y a quatre degrés principaux : la tonsure,
» que j'ai reçue la première année, les ordres mineurs
» cette année ; puis restent le sous-diaconat pour l'année
» qui précède la prêtrise, et le diaconat et la prêtrise
» pour la dernière année.

» Outre cette nouvelle qui doit vous faire plaisir, j'ai
» à vous parler d'autres choses qui ont aussi leur côté
» sérieux. Dans l'une de mes lettres, je vous ai parlé
» d'une décision arrêtée sur ma vocation au sacerdoce ;
» je vous ai dit qu'à ce propos, j'avais subi les inter-
» rogatoires répétés de mon directeur. Dans ces
» interrogatoires, j'ai mis mon cœur à nu et me suis
» fait connaître autant qu'il est possible ; la décision
» de mon appel par Dieu à être prêtre un jour, n'a
» pas exigé beaucoup de temps de la part de mon
» directeur. Pourtant, une fois cette décision prise, j'ai
» encore souvent été rappelé ; et mon directeur, après

» m'avoir remué en tout sens, m'a dit que Dieu ne
» m'appelait pas à être prêtre dans une paroisse. Pour
» moi, j'ai prié ; me reconnaissant incapable de me
» conduire moi-même dans des choses de cette impor-
» tance, je ne puis que m'en rapporter uniquement à
» ce que me dira mon directeur, qui a de Dieu les
» lumières nécessaires pour examiner les séminaristes
» qu'il dirige. Priez aussi pour que Dieu l'éclaire bien ;
» le jour de la Pentecôte, adressez-vous tous, je vous
» en prie, à l'Esprit-Saint, afin qu'il répande ses·
» lumières, non pas tant sur moi qui n'ai qu'à obéir,
» mais sur mon directeur qui a mission pour porter des
» décisions en cette matière, sur mon Supérieur qui
» apporte aussi son concours à ces sortes de choses.
» Priez aussi pour Mgr l'Archevêque qui doit pronon-
» cer en dernier ressort sur cette affaire. Le oui ou le
» non doit être prononcé avant mon départ en vacances.

» Mais je me laisse absorber par une seule idée et
» j'oublie de vous dire ce à quoi mes Supérieurs me
» croient appelé. Ce serait pour être professeur dans
» les séminaires. Je devrais, après mes vacances, aller
» à Paris faire mon cours de théologie. Mais tout cela
» n'est pas décidé encore ; et, de mon côté, je me

» reconnais absolument indigne d'une mission aussi
» belle que celle de former des jeunes séminaristes à
» l'état ecclésiastique. Jusqu'ici, on ne m'en a pas dit
» plus ; je ne connais même pas bien les attributions
» de cette Congrégation qui a été fondée par saint
» Vincent de Paul et dont les membres portent le
» titre de Prêtres de la Mission, parce qu'ils ont une
» mission toute de charité.

» Encore une fois, priez pour moi, afin que tout se
» fasse selon la volonté de DIEU. Quand mes Supé-
» rieurs et Monseigneur auront donné le dernier mot,
» (ce qui n'aura pas lieu avant la fin du mois de juin,
» car ces choses se font avec la plus grande prudence),
» je vous le ferai savoir aussitôt. Si l'on me juge les
» dispositions, les capacités et la vocation voulue, vous
» vous réjouirez avec moi de cette faveur de DIEU,
» faveur rarement accordée, faveur qui serait une
» bénédiction pour notre famille. Ici à Cambrai, on
» sait que j'appartiens à une famille profondément
» chrétienne, que mes Parents sont attachés à leurs
» devoirs religieux et qu'ils élèvent leurs nombreux
» enfants dans l'amour de Dieu ; il paraîtrait que cette
» considération y est aussi pour quelque chose. Je

» bénis donc DIEU une fois de plus de ce qu'il m'a
» donné des Parents tels que vous (1). »

François revint donc à Ghissignies avec la résolution
mûrement réfléchie et bien arrêtée de s'enrôler, après
les vacances, parmi les missionnaires de saint Vincent
de Paul. Son départ, qui eut lieu en septembre 1873,
fut pour nos parents un sacrifice profondément douloureux. Ils se séparaient de leur premier-né avec la
perspective de ne le revoir peut-être jamais plus ! Ses
rares talents, la facilité avec laquelle il faisait ses études,
leur avaient fait concevoir des espérances qu'ils
voyaient s'évanouir : leur fils bien-aimé quittait pour
toujours le foyer natal et le diocèse de Cambrai.
Notre Mère eut assez de courage pour accompagner
François à la gare du Quesnoy : les larmes qu'elle
versait en silence témoignaient de l'immensité du
sacrifice qu'elle faisait dans son cœur. Après les
suprêmes embrassements, on entendit bientôt le signal
du départ, et le train s'ébranla ; un dernier regard fut
échangé, et François, avec ses compagnons de vocation
MM. Villette et Desquesne, disparut emporté vers la
maison bénie où les enfants de saint Vincent de Paul

---

1. Grand Séminaire de Cambrai, 30 mai 1873.

se forment à la science et aux vertus de leur glorieux
fondateur.

Tout en correspondant à sa vocation, notre frère
aîné n'oubliait point les aspirations de sa sœur Marie
vers la vie religieuse. Doucement il disposait nos
parents à l'idée de son départ : « Comme on voit, leur
» écrivait-il (1), le contentement, la paix, le bonheur
» régner sur le front et le visage de ces religieuses
» qui, à l'exemple de Notre-Seigneur Jésus-Christ,
» ne vivent que d'aumônes pour elles et pour les vieil-
» lards qu'elles soignent et nourrissent! Qu'il est beau
» de voir ces Petites Sœurs des Pauvres, allant par
» les rues des villes et des campagnes, quêter pour
» leurs vieillards, recevant avec la même joie, par
» amour pour Jésus-Christ, et les dons, et les affronts,
» et les injures ! Dernièrement une de ces religieuses
» se présenta à la porte d'un impie qui la reçut par
» des injures et même alla jusqu'à la frapper cruelle-
» ment ; la pauvre sœur, qui avait été renversée, se
» relève toute meurtrie au visage et dit à ce méchant
» avec une angélique douceur : « Ceci est pour moi ;
» mais, pour mes pauvres, ne me donnerez-vous rien ? »

1. Cambrai, le 5 décembre 1868.

» L'impie ne put tenir devant une semblable abnéga-
» tion de soi-même, et ce fut en demandant pardon à
» la sœur les larmes aux yeux qu'il lui fit une large
» aumône. »

Quand Marie manifesta son désir de devenir Petite
Sœur des Pauvres, notre Mère opposa d'abord quelque
résistance ; mais bientôt elle se montra favorable à sa
fille, l'encouragea dans son dessein et lui recommanda
de prier pour fléchir plus sûrement le cœur de son
Père. Quant à François, il pensait avec raison que
Marie, avant de se vouer aux soins des pauvres, avait
une mission à remplir dans la famille. Il l'exhortait
donc au courage et à la patience par des paroles de
consolation et de foi, et il disait à nos parents (1) : « Si
» Marie persévère dans ce qu'elle croit être la mani-
» festation de la volonté de Dieu sur elle, eh bien !
» quand le moment sera venu, vous devrez, nous
» devrons tous faire le sacrifice. Mais je crois qu'il
» n'est pas temps encore : sa présence au foyer est
» nécessaire pour ses sœurs. Qu'elle remplisse donc,
» tant qu'elle est encore dans sa famille, les œuvres
» de charité, de douceur, de dévouement, de piété,

----

1. Grand Séminaire de Cambrai, 1873.

» qu'elle est appelée à remplir un jour ailleurs ; qu'elle
» soit surtout un ange de piété filiale à l'égard de ses
» Parents et qu'elle soit pour tous une seconde mère,
» remplaçant le plus possible celle qui pour nous a
» éprouvé tant de fatigues. »

Cependant les cinq sœurs, sous la direction de leur frère aîné, travaillaient à se perfectionner dans la pratique des vertus. François leur avait fait un règlement de vie ; mais il fut convenu de ne pas en faire connaître toutes les parties à notre Mère, de peur qu'elle ne pensât que ses filles allaient toutes entrer en religion. Le lever avait lieu à une heure fixe ; venait ensuite l'oraison en commun ; après le dîner, il y avait un quart d'heure de lecture pieuse. Notre Mère s'inquiéta en voyant chaque jour, à une heure un quart, disparaître ses cinq filles. Eugénie, qui fut toujours pour elle un livre ouvert, fit cesser ses craintes et lui dévoila le but de la réunion quotidienne. Cette bonne Mère remercia sa fille non sans émotion, car elle voyait dans ces pratiques un acheminement vers la vie religieuse. Néanmoins elle n'avait garde d'y apporter le moindre obstacle. Lorsque, pendant les vacances qui précédèrent son entrée à Saint-Lazare, François fit à ses sœurs l'oraison à haute voix, notre Mère y assista avec bonheur, et, tout le reste de sa vie, elle continua ce salutaire exercice.

Les cinq sœurs aimaient tant leur Mère, qu'il leur était comme impossible de lui parler de leur avenir ! Elles essayèrent parfois d'aborder cette question entre elles ; l'aînée commençait la première, mais l'entretien était vite interrompu : Marie pleurait et riait tout ensemble, et les autres faisaient de même. Quand notre Mère s'apercevait, aux yeux encore rouges et gonflés de ses filles, que des larmes avaient été répandues, elle s'informait de ce qui s'était passé, mais personne n'osait en faire l'aveu. Un jour cependant, qu'elle semblait s'en affecter davantage, Eugénie lui dit le vrai motif des pleurs versés ; notre Mère pleura elle-même, mais avec calme et résignation : en son cœur, c'était une lutte continuelle entre son affection maternelle et sa générosité pour Dieu.

Après plusieurs années de dévouement au sein de la famille, Marie obtint enfin de son Père le consentement si ardemment désiré et se disposa à entrer chez les Petites Sœurs des Pauvres. C'est avec générosité que notre Mère offrit sa fille en holocauste à Dieu.

Elle voulut la conduire elle-même, le 26 juin 1875, au Postulat à Escaudœuvres (près de Cambrai). Marie avait résolu de ne pas pleurer à son départ : elle fut ferme dans sa résolution et en embrassant son Père, ses frères et sœurs, elle ne versa pas une larme. Du haut d'une petite colline située au sortir de Ghissignies, elle jeta un dernier regard sur la maison paternelle qu'elle quittait pour toujours, sur son Père et ses frères et sœurs qui la suivaient des yeux, et de la main et du cœur elle leur envoya un dernier adieu. Elle avait fait promettre à ses sœurs de ne pas se laisser aller à la tristesse après son départ, et, qui plus est, de chanter le *Laudate pueri* et le *Magnificat* en action de grâces. Eugénie y mit obstacle, tant cette idée répugnait à sa douleur !

A Escaudœuvres, les Petites Sœurs reçurent avec bonté la jeune postulante et sa Mère. Celle-ci comprit, en visitant la maison, que Marie trouverait, dans ce pieux asile de la vieillesse, de quoi satisfaire ses goûts et qu'elle y serait heureuse. La Supérieure l'invita à revenir voir sa fille. Marie paraissait très contente et défendait toujours à son pauvre cœur de se décharger du poids qui l'oppressait. Notre Mère l'embrassa et la quitta. Quand la jeune postulante crut que sa Mère était partie, elle éclata en sanglots et en cris, et fut prise de convulsions nerveuses. Notre pauvre Mère, qui était encore dans la maison, l'entendit et voulut revoir sa fille. Quelle scène déchirante ! de part et d'autre, c'était un combat terrible entre l'amour et le sacrifice ; toutes deux le sentirent vivement et en furent profondément remuées, mais en toutes deux la grâce dompta la nature. Notre Mère eut assez d'énergie chrétienne pour dire à sa fille : « Courage, Marie ! » soyons généreuses pour répondre à l'appel de » Dieu ! »

Quand Marie, après avoir achevé son postulat, fut sur le point d'entrer au Noviciat des Petites Sœurs à la Tour-Saint-Joseph (Bretagne), notre Mère se rendit de nouveau à Escaudœuvres. Au moment de la séparation, la petite postulante sentit son courage l'abandonner, à la pensée que jamais plus elle ne reverrait sa Mère bien-aimée, son bon Père et ses frères et sœurs, et elle fondit en larmes. Alors encore le courage de la Mère releva celui de la fille ; elle dit à Marie en levant les yeux au ciel : « Courage, Marie, soyez bien » généreuse et ne restez pas en arrière ! »

O Mère bien-aimée, puissent tous vos enfants gra-
ver ces paroles dans le fond de leurs cœurs et n'être
jamais assez pusillanimes pour rester en arrière dans la
voie du devoir, quand vous y avez marché vous-même
avec un si noble courage !

Chapitre Huitième.

VOCATION DE LOUIS ET D'EUGÉNIE.

GRANDE fut la joie de notre Mère en voyant disparaître les hésitations de Louis dans le choix d'un état de vie : elle avait adressé à DIEU de ferventes prières à cet effet et elle se voyait exaucée au delà de ses espérances : Louis exprimait le désir de devenir prêtre un jour ! Pour lui comme pour ses autres enfants, elle laissa à la sagesse de notre Père le soin de s'assurer de la solidité de la vocation ; quant à elle, elle priait en silence, afin que DIEU bénît le plus jeune de ses fils et le conduisît au sacerdoce.

Après avoir reçu pendant deux ans les soins intelligents et dévoués de M. Hannoire, de douce et vénérée mémoire, Louis se disposa à entrer au Petit Séminaire de Cambrai. Pour atténuer le coup que ce nouveau départ allait porter au cœur si aimant de notre Mère, François lui adressa les lignes suivantes (1) :

« La pensée que Louis va quitter la famille serait

1. Paris, St-Lazare, 1874.

» peut-être de nature à affliger votre cœur de mère,
» mais pourtant je suis persuadé que, comme mère
» chrétienne, vous êtes bien heureuse d'offrir cet
» enfant à Jésus. Oui, cette pensée que c'est à Jésus
» que vous le donnez pour être son ministre, son prê-
» tre, doit remplir de consolation votre cœur de mère
» et de chrétienne, et ce sera non seulement avec cou-
» rage, mais même avec bonheur que vous le verrez
» partir à Cambrai. Ma bonne Mère, tous ces sacrifices,
» oh ! offrez-les de grand cœur à Dieu, à Jésus ; ils
» sont des tresses d'or et de diamant pour votre cou-
» ronne au ciel. Vous aimez Jésus ; aussi je ne doute
» point que vous ne lui dites, surtout quand vous com-
» muniez, que vous lui faites d'avance le sacrifice de
» tous vos enfants. Oh ! ma Mère bien-aimée, que
» votre cœur ne mette point de bornes à sa générosité,
» et que cette générosité soit plus forte que les impul-
» sions de la nature. Jésus, comme il doit reposer sur
» vous des regards d'amour pour votre conduite à
» l'égard de vos enfants ! Croyez-le bien, son secours
» ne vous fera jamais défaut, et vos enfants, il les
» abritera sous sa protection divine.

» J'aime à prier souvent pour vous, pour mon bon

» Père : c'est ma consolation dans mon éloignement de
» vous tous. Ce sacrifice de la séparation, vous faites
» comme moi, je n'en doute pas, vous l'offrez à Jésus ;
» pour moi, je le renouvelle souvent, et toujours j'en
» retire des consolations. Ma bonne Mère, priez pour
» votre fils ; aimons à nous retrouver dans le Sacré
» Cœur de Jésus : là nous pouvons être souvent
» ensemble. »

Cette lettre, où est enseignée la plus sublime générosité, notre Mère en fit sa règle de conduite dans ses
nombreux sacrifices. Afin de l'avoir plus souvent sous
les yeux, elle la mit dans un livre dont elle se servait
tous les jours *(Prières et Méditations de saint Alphonse
de Liguori ;)* et Dieu seul sait combien de fois elle se
plut à la lire et à la méditer jusqu'à la fin de sa vie !

Entré au Petit Séminaire en 1874, Louis poursuivit
pendant dix ans le cours de ses études : les succès
qu'il obtint, les vacances qu'il vint passer chaque
année dans la famille, furent une grande consolation
pour notre Mère. Dans sa haute sagesse, elle savait
donner au jeune séminariste de bons conseils pour le
mettre en garde contre la dissipation, l'amour des
voyages, les relations qui affaiblissent l'esprit ecclé-

siastique. Parfois elle lui ouvrait son cœur dans un langage qui dénotait la droiture de ses intentions, son abnégation profonde, son zèle pour la vertu et son amour pour l'Église : « Je forme des vœux pour ton » bonheur et pour la gloire de Dieu ; que Dieu daigne » exaucer mes vœux (1) ! » — « Ta marraine (Marie) » est toujours des plus heureuses dans sa vocation : » que Dieu en soit loué ! Une mère fait tous les sacri- » fices possibles pour ses enfants. Je me réjouis de ton » bonheur. Sois toujours humble, bon et charitable » annulé tout le monde.. Nous avons été attristés de la » mort de notre bien-aimé Père Pie IX, mais le bon » Dieu a permis que nous ayons promptement un autre » Pape : prions pour Léon XIII et la sainte Église (2). »

A chaque départ, la vie de famille changeait d'aspect, non pas que l'affection réciproque de ses membres fût diminuée : elle allait, au contraire, toujours en augmentant ; mais il y avait au foyer moins de gaîté et de bruit ; ceux qui y étaient encore, sans être tristes, songeaient à l'avenir en voyant les vides produits autour d'eux.

---

1. Lettre de notre Mère à Louis, Ghissignies, le 20 janvier 1878.
2. Lettre de notre Mère à Louis, Ghissignies, le 10 mars 1878.

Notre Mère devait bientôt encore porter à ses lèvres le calice amer des séparations. Elle avait avoué un jour à Eugénie qu'à la vue de la jeune sœur *Dolorosa*, elle avait souhaité dans son cœur que son enfant devînt véritablement Fille de la Charité. Ce souhait devait avoir sa réalisation. Dans les premiers jours du Carême de 1878, Eugénie, qui jusqu'alors se contentait de hasarder de temps en temps une parole révélatrice de ses désirs intimes, s'ouvrit à sa Mère et lui dit qu'elle pensait demander à notre Père pour partir le mardi de Pâques suivant. Notre Mère aurait pu l'en dissuader, en lui montrant le bonheur et la paix dont elle jouissait au sein de la famille et l'affection dont elle y était entourée. Elle se contenta de lui dire : « Je vais prier pour vous. Dans vos démarches auprès » de votre Père, allez-y avec douceur et sans rien brus- » quer. » Ayant essuyé plusieurs refus, notre sœur confia son chagrin à sa Mère, qui l'encouragea dans son dessein, mais lui conseilla d'attendre encore avant de réitérer sa demande. Eugénie attendit donc un mois : son cœur souffrait horriblement, partagé qu'il était entre Dieu, dont l'appel se faisait entendre, et l'amour filial, qui redoublait chaque jour d'intensité. Le mois écoulé, elle obtint le consentement paternel. Notre Mère partagea la joie de sa fille, malgré la perspective d'une cruelle et prochaine séparation. Elle présenta Eugénie à la Sœur Bachelet, Supérieure des Filles de la Charité du Quesnoy, et reçut d'elle toutes les instructions utiles pour le départ. Il fut convenu qu'on demanderait à François de faire les démarches nécessaires pour qu'Eugénie fît son postulat chez la Mère Malpel à Ivry, près de Paris. Eugénie devait y entrer le 2 Juin.

Notre Mère voulut préparer elle-même le trousseau de sa fille. Durant ce dernier mois, Eugénie fut l'objet des bontés touchantes de son Père, de la tendresse de sa Mère et des prévenances de tous. L'approche de son départ ne faisait que resserrer davantage les liens qui unissaient les cœurs ; parfois les larmes jaillissaient : notre Mère sanctifiait les siennes par un : « Merci, mon » Dieu, » et engageait Eugénie à faire de même.

Sur ces entrefaites, François, toujours un ange de force et de consolation pour nos bons parents, leur écrivait (1) : « Dans les dernières lettres que j'ai reçues, » on m'annonce qu'Eugénie, favorisée d'une vocation

---

1. Petit Séminaire de Montpellier, mai 1877.

» du bon Dieu, vous a demandé et a obtenu son entrée
» dans la vie religieuse. Bon Père, bien chère Mère,
» je comprends que c'est là un sacrifice bien grand
» pour votre cœur; mais comme je suis consolé de voir
» que, dans ces circonstances, vous savez vous montrer
» bien généreux envers le bon Dieu, qui, après vous
» avoir donné des enfants, vient vous les demander
» pour lui, et pour vous les rendre un jour au ciel
» comme une belle couronne! Oui, les bénédictions de
» Dieu sont avec vous et avec vos enfants, et ce doit
» être pour votre cœur une bien douce joie. S'ils se
» mariaient, ils devraient vous quitter pour commen-
» cer cette vie qui n'est qu'une suite de chagrins, d'in-
» quiétudes, de souffrances de toutes sortes. Tout
» cela, vous le comprenez, mais ce que vous com-
» prenez surtout, c'est que rien n'est plus à respec-
» ter que la vocation à laquelle Dieu appelle vos
» enfants ; et voilà pourquoi vous ne calculez pas
» avec lui.

» Selon le désir de ma Mère, je me suis adressé à
» la Supérieure d'Ivry; Eugénie y sera fort bien reçue
» pour y postuler. »

Cette doctrine du sacrifice était admirablement

comprise de notre Mère, qui disait à Louis (1) :
« Pendant ce beau mois (mois de la Très Sainte
» Vierge), unissons nos cœurs chaque jour à la sainte
» Messe. Demande pour nous tous la grâce d'être forts
» pour le départ de ta sœur. Mon cœur se déchire à
» la pensée de me séparer d'elle, et cependant j'en fais
» le sacrifice de bon cœur à DIEU : il me l'avait donnée,
» il me la reprend, que ce soit pour sa plus grande
» gloire ! Que sa volonté se fasse et non la mienne ! »

Le grand jour arriva : ce fut le 2 juin 1878. On
s'embrassa sans pouvoir proférer une parole ; les larmes
en disaient plus que tous les discours. Notre excellente
cousine Lucie était venue à Ghissignies prendre part
aux douleurs de toute la famille.

Notre vaillante Mère voulut accompagner sa deu-
xième fille au Postulat. Laissons Eugénie nous raconter
elle-même ce douloureux voyage : « Nous ne fûmes
» pas tristes en chemin. Je contenais mon émotion à
» cause de ma Mère, qui faisait de même à cause de
» moi. Elle me faisait même remarquer ce qui pouvait
» m'intéresser le long de la route, comme les paysages
» et les églises.

---

1. Lettre de notre Mère à Louis. Ghissignies, le 14 mai 1878.

» Nous arrivâmes enfin, après avoir traversé Paris,
» au cher Hospice des Incurables d'Ivry. La Supé-
» rieure, ma Sœur Malpel, était souffrante; elle voulut
» cependant me voir. Je fus introduite près de son lit;
» elle me souhaita la bienvenue en m'embrassant, et
» m'examina attentivement pour reconnaître en moi
» les traits de M. Lobry. Ce fut bientôt fait. Le lende-
» main matin elle reçut ma Mère et lui fit le meilleur
» accueil. Celle-ci me présenta à ma Sœur Malpel en
» lui disant : « Je vous confie ma fille. Soyez, je vous
» en prie, sa mère, et faites-en une bonne Fille de la
» Charité. » — « Très volontiers, Madame, et que
» votre souhait se réalise. »

» Ensuite ma Mère demanda à la Sœur Malpel si
» elle pourrait revenir me voir avant son retour à
» Ghissignies ; car elle se proposait de visiter l'Expo-
» sition afin d'avoir des choses intéressantes à raconter
» à la famille après ce trop fameux voyage. La Sœur
» Malpel lui offrit de suite la compagnie de sa fille
» pour le temps de son séjour à Paris.

» D'un côté, j'étais contente de cette décision, parce
» que ma Mère ne serait pas seule; et de l'autre, ce
» m'était un ennui, parce que je tenais peu à visiter

» l'Exposition. Toutes deux nous dûmes reprendre
» notre courage et jouir du bonheur d'être encore
» ensemble pendant quelques jours. Nous fûmes on
» ne peut plus raisonnables. L'Exposition ne me fut
» pas dangereuse, car les merveilles qui frappaient
» nos regards nous portaient à élever nos âmes jus-
» qu'au DIEU infiniment grand. Nous allâmes aussi à
» la Cathédrale (Notre-Dame), à la Madeleine, à
» Notre-Dame des Victoires, à l'église de Montmartre,
» aux Missions Étrangères. En arrivant d'Ivry, notre
» première démarche avait eu pour but la Maison de
» Saint-Lazare où François avait fait son Noviciat; de
» là, nous étions allées saluer avec respect, au n° 140
» de la rue du Bac, la porte du Noviciat des Filles de
» la Charité.

» Au bout de trois jours, je dis à ma Mère : « Il me
» semble que nous pourrions nous en tenir là, car je
» crains que vous ne soyez trop fatiguée; je ne vou-
» drais pour rien au monde que vous fussiez malade
» à votre retour; j'en éprouverais trop de peine. » Ces
» paroles suffirent. Nous reprîmes aussitôt le chemin
» d'Ivry.

» Là, ma Sœur Malpel voulut que ma Mère dînât

» avec moi avant de me quitter. Pendant le repas,
» toutes les Sœurs vinrent joyeusement saluer Madame
» Lobry et sa fille : c'était un tableau charmant. Enfin,
» l'heure de la séparation arriva. Ma Mère restait tou-
» jours calme et souriante. Elle m'embrassa avec force
» étreintes en me disant : « Soyez généreuse, Eugénie,
» et bien pieuse. Nous resterons toujours unies dans
» la prière ! » Elle m'embrassa de nouveau et partit. Je
» restai sur le seuil de la porte pour la voir aussi long-
» temps que possible ; elle m'envoya un dernier signe
» d'adieu, d'encouragement et de générosité, et dispa-
» rut à mes regards.

» Quand je ne vis plus cette Mère que j'aimais tant,
» je fus suffoquée ; je me mis à pleurer en disant :
« C'est fini, j'ai quitté ma Mère ! Mon Dieu, donnez-
» moi du courage pour faire ce sacrifice, je le trouve
» au-dessus de mes forces ; cependant je veux être toute
» à vous et je me soumets. » On alla chercher ma
» Sœur Malpel, qui vint aussitôt. Avant d'entrer, elle
» écoutait mes plaintes, ma prière et ma soumission.
» Elle se présenta à moi le chapelet de postulante à
» la main. Je compris. Je me jetai aussitôt à ses
» genoux, étendant les mains pour le recevoir et en

» baiser le christ. Ma Sœur Malpel me le mit au côté
» et me consola si bien que je lui dis : « O ma Sœur,
» c'est fini; maintenant le sacrifice est fait, et ce cha-
» pelet est le premier gage que je tiens de mon Dieu. »
Le sacrifice ne fut pas moins grand pour notre Mère.
Après son retour à Ghissignies, elle écrivait à Louis :
« Quelle triste séparation ! Le bon Dieu m'a donné
» des forces et du courage; lui seul connaît l'étendue
» de mon sacrifice. Que son saint nom soit loué (1)! »
— « Je te remercie de tes bonnes prières, car si on ne
» priait pas pour moi, je ne serais pas aussi généreuse
» à donner mes enfants. Eugénie était pour moi une
» confidente, un appui; elle était mon bras droit et
» avait beaucoup de jugement... Que la sainte volonté
» de Dieu soit faite! Je le remercie chaque jour des
» bontés qu'il a pour mes enfants, car je suis indigne
» de tant de faveurs (2). »

1. Lettre de notre Mère à Louis. Ghissignies, juin 1878.
2. Lettre de notre Mère à Louis. Ghissignies, le 14 juillet 1878.

Chapitre Neuvième.

LES ÉPINES CONVERTIES EN ROSES.

Dieu, qui jamais ne se laisse vaincre en générosité, voulut que les sacrifices de notre Mère devinssent pour elle la source des joies les plus pures. Le sentiment du devoir vaillamment accompli, le bonheur manifeste de ses enfants dans leur vocation, la pensée du bien qu'ils réaliseraient un jour dans l'Église, lui mettaient au cœur un bonheur indicible.

Peu de temps après être entré à Saint-Lazare, son fils aîné lui écrivait : « Ma bonne Mère, merci de la » générosité avec laquelle vous avez fait votre sacrifice » à mon égard ; merci du plus profond de mon cœur » pour la bénédiction que vous me donnez chaque » jour ; que mon Père le fasse aussi : la bénédiction » d'un Père, d'une Mère, porte bonheur : c'est la béné- » diction de Dieu même....

» Dans le Cœur de Jésus, ô ma Mère, je vous » retrouve non seulement chaque fois que je commu- » nie, mais encore toutes les fois que j'élève mon cœur

» à Jésus, surtout quand l'heure sonne. Souvent donc
» aussi, venez me retrouver dans cet asile ; toutes les
» fois que vous penserez à moi, allez au Cœur de Jésus,
» j'y serai : c'est le rendez-vous que je vous donne à
» tout instant du jour (1). »

« Je vous remercie de tout mon cœur de vos bons
» souhaits à l'occasion de ma fête. Je m'efforce et
» m'efforcerai, comme vous me le souhaitez, de mar-
» cher sur les traces de mon glorieux patron saint
» François-Xavier.... En vous répondant, je lis votre
» dernière lettre et vois encore un souhait exprimé
» par vous et bien digne d'une mère chrétienne, celui
» pour moi d'être un fidèle soldat du Christ. Priez,
» ma Mère, continuez de prier pour moi, afin qu'un
» jour, selon vos souhaits, je sois un digne prêtre de
» Jésus-Christ, un apôtre à même de faire du bien
» dans les âmes (2). »

Après avoir reçu le sous-diaconat, François tenait à
nos parents un langage non moins consolant pour leurs
cœurs chrétiens (3) :

---

1. Paris, Saint-Lazare, 1873.
2. Paris, Saint-Lazare, décembre 1873.
3. Paris, Saint-Lazare, décembre 1874.

« Avant de vous parler de mon ordination, je vous
» envoie tous les meilleurs souhaits de mon cœur de
» fils à propos du nouvel an. Bien cher Père, bien
» chère Mère, si en ce jour vous considérez votre
» famille devant Dieu, vous devez vous dire que Dieu
» vous bénit, qu'il vous bénit dans vos enfants. Puis-
» siez-vous encore longtemps jouir du bonheur de voir
» vos enfants marcher sur vos traces dans les voies du
» devoir et de la vertu ! C'est le vœu le plus grand, le
» plus ardent de mon cœur.

» Parmi ces enfants, votre aîné, après avoir passé par
» bien des épreuves, Dieu, qui le voulait à lui, l'a
» amené au pied des autels ; et il y a peu de jours il a été
» consacré à Dieu à jamais. Ce pas est solennel : je l'ai
» fait avec bonheur, me jetant avec confiance dans les
» bras de Jésus-Christ, me dévouant, me consacrant à
» lui à jamais. Vous n'étiez pas là pour être témoins de
» cet acte important, de ces noces spirituelles où j'ai
» contracté des liens pour l'éternité ; mais si vous n'y
» étiez pas présents de corps, vous l'étiez en esprit, et,
» je n'en doute pas, c'est à vos prières, à ces prières que
» vous faisiez pour moi depuis longtemps, que je dois le
» bonheur, l'immense joie intérieure que j'ai éprouvée

» le jour de mon ordination. J'ai fait le pas sans hési-
» tation, et quand, un moment après, étendu sur le pavé
» du sanctuaire, on a chanté les litanies des Saints
» pour implorer leur assistance et nous assurer leur
» protection, oh ! alors je me donnais tout entier à
» Dieu ; et, en faisant mon sacrifice, j'offrais en même
» temps à Jésus-Christ votre propre sacrifice et je le
» priais dans toute l'ardeur de mon âme de bénir des
» Parents qui, comme d'autres Abrahams, n'avaient
» point hésité à sacrifier leur fils à Dieu. Dieu a
» récompensé Abraham par bien des bénédictions, et,
» je vous le certifie, il vous bénira aussi pour les
» sacrifices que vous savez faire par amour pour vos
» enfants et par amour pour Dieu.

» Je me suis donné à Dieu avec beaucoup de bon-
» heur et j'en suis encore tout à fait dans la joie.
» Réjouissez-vous-en aussi, car Dieu a jugé votre
» famille digne de ses faveurs : comme autrefois chez
» les Juifs, il s'est choisi le premier-né pour lui être
» consacré. Votre famille est aux yeux de Dieu comme
» une belle vigne, et Dieu se propose d'y revenir
» encore cueillir des fruits. Voilà que Louis va bien
» à Cambrai, et, j'en ai la douce assurance, sa vocation

» sera moins éprouvée que la mienne ; et lui aussi un
» jour sera consacré à DIEU. Tout ce que me dit mon
» Père dans sa bonne lettre, m'a fait beaucoup de
» plaisir, et je me réjouis, avec lui et avec tous, de ce
» que Louis va si bien et reste si bon et si pieux.

» Chers Parents, ne regrettez jamais de sacrifier
» ainsi vos enfants successivement à DIEU, et vous
» verrez, quand le moment sera venu pour vous de
» paraître devant DIEU, quelle consolation ce sera
» pour vous de pouvoir lui dire : « Seigneur, tout ce
» que j'aimais le plus : mes enfants, je les ai éle-
» vés pour vous, pour faire votre volonté, pour vous
» les donner quand vous me les avez demandés ! »

» Le jour de Noël, j'étais désigné pour faire sous-
» diacre à la Grand'Messe à Saint-Lazare, mais comme
» on me laissait libre d'aller à la chapelle des Filles de
» la Charité, je préférai y aller pour mettre mon pre-
» mier office de sous-diacre sous la protection de
» Marie Immaculée, dans cette chapelle où elle a
» apparu pour donner la médaille miraculeuse. »

Les lettres de Marie après son départ respiraient
également un bonheur sans mélange : « Maintenant,
» mes chers et bien-aimés Parents, livrons-nous à la

Une mère chrétienne.

» joie ! Je n'étais pas digne d'être admise en une aussi
» sainte communauté. Vous le savez, mon cher Père,
» ma chère Mère, c'est à vous que je dois ce bon-
» heur... Merci de tous vos généreux sacrifices : ils
» m'ont valu une fortune impérissable (1). »

« Votre lettre, bonne Mère, m'a fait beaucoup de
» plaisir. Chaque soir et matin, je vous demande, ainsi
» qu'à mon cher Père, votre bénédiction en récitant
» deux *Ave Maria ;* j'en ajoute un troisième pour
» saluer Jean-Baptiste et mes sœurs. »

Arrivée au Noviciat des Petites Sœurs des Pauvres,
Marie proclame que son bonheur s'est encore accru :
« Il lui semble avoir retrouvé à la Tour-Saint-Joseph
» le paradis terrestre de nos premiers parents Adam
» et Eve... Saint Joseph, dont la statue domine ce
» nouvel Éden, est là comme un bon père qui veille
» sur ses enfants... La nature y est des plus belles :
» il y a la colline de MARIE, la grande prairie Sainte-
» Anne, le Bois Jaune, le bois Saint-Augustin. » Les
novices qui y meurent sont placées dans un endroit
appelé le *cimetière des voleuses de Paradis.*

A l'occasion du nouvel an qui suivit son arrivée

1. Lettre de Marie à ses parents. Escaudœuvres, 29 juin 1876.

en ce lieu béni, la fervente novice disait à ses parents : « Avant que vous receviez mes vœux, ils
» seront déjà montés au ciel, car il faut que je vous
» dise ceci : depuis que je suis ici, il me semble n'y
» être pas seule de la famille ; mais nos petits anges
» qui sont au ciel (Jean-Baptiste et Marie morts en
» bas-âge), semblent ne pas me quitter. Alors bien
» souvent je les envoie vers vous demander votre
» bénédiction ; je leur dis de vous distraire, de prier le
» bon Dieu qu'il éloigne de vous tout accident, mais
» surtout qu'il vous inspire à tous de l'aimer de tout
» votre cœur (1). »

Et quelques mois plus tard : « Oh ! ma chère Mère,
» toujours je vous vois généreuse et forte : votre
» exemple m'encourage et m'anime. Comme le vôtre,
» mon sacrifice est parfait, et jamais un nuage de tris-
» tesse ne viendra obscurcir mon front (2). » — « Je
» suis toujours contente à la Tour et de plus en plus
» heureuse, parce que de plus en plus je sens que je
» suis où le bon Dieu m'appelait, et aussi où mes incli-
» nations me portaient. Le titre de Petite Sœur est

1. La Tour-Saint-Joseph, 27 décembre 1876.
2. La Tour, 2 avril 1877.

» grand et beau : maintenant je travaille à l'acquérir
» et je m'y mets de tout cœur. J'espère que vous êtes
» aussi bien contents de mon bonheur ; les plus grands
» et les plus riches de la terre ne le possèdent pas,
» et c'est moi, votre fille, mon cher Père et ma chère
» Mère, qui en suis favorisée par le bon Dieu ! Ré-
» jouissez-vous donc tous avec moi (1). »

Quand elle sera sur le point de revêtir l'habit de
Petite Sœur, elle dira avec allégresse : « Ce jour va
» me rappeler ma Première Communion, et l'habit qui
» va m'être donné me séparera pour toujours du
» monde. Oh ! avec quelle ardeur je le prendrai !
» Croyez-moi, je n'ai pas l'ombre d'un regret, parce
» que je suis assurée que je fais la volonté du bon
» Dieu (2). »

Depuis les départs réitérés qui avaient eu lieu dans
la famille, la célébration de la Sainte-Claire présentait
une physionomie quelque peu différente. Les absents
comptaient soigneusement les jours, afin d'envoyer
leurs souhaits juste au temps voulu, ni trop tôt ni trop
tard, sinon ils se fussent attiré les blâmes de leurs

---

1. La Tour, 10 février 1877.
2. La Tour, 11 mai 1877.

frères et sœurs. Ceux-ci interceptaient habilement les lettres à leur arrivée, et les présentaient intactes à leur Mère en même temps que le bouquet. Il serait impossible de décrire le bonheur que celle-ci éprouva à la première Sainte-Claire qui suivit le départ de François : notre frère aîné, par une attention digne de sa piété filiale, avait demandé et obtenu pour sa Mère une lettre d'affiliation aux Filles de la Charité, et il la lui envoyait comme présent de fête. En voici la teneur :

« Noùs, Eugène Boré, Supérieur Général de la
» Congrégation de la Mission et de la Compagñie
» des Filles de la Charité,

» Salut en Notre-Seigneur.

» Madame Lobry, née Boulogne, nous ayant exprimé
» le désir d'être affiliée à la Compagnie des Filles de la
» Charité ; en considération de sa piété, de sa charité
» pour les pauvres, et de sa bienveillance pour la dite
» Compagnie, nous avons résolu d'accueillir sa de-
» mande ; et nous déclarons, par ces Présentes, affilier
» la dite Marie-Claire Boulogne à la dite Compagnie
» des Filles de la Charité, lui accordant participation

» à toutes les prières, oraisons, mortifications, bonnes
» œuvres qui se font et se feront à l'avenir, dans la
» dite Compagnie, par la Miséricorde divine. Nous
» prions Notre-Seigneur de répandre ses bénédictions
» en ce monde sur elle, et de lui accorder, en l'autre,
» le bonheur de la gloire éternelle.

» En foi de quoi nous lui avons délivré les Pré-
» sentes signées de notre main et de celle de notre
» Secrétaire et munies de notre sceau.

» Donné à Paris, le 4 août 1877.

> E. BORÉ, Sup. G^{ils}.
> Par mandement de M. le Supérieur Général,
> J. PÉMARTIN, Sec. Général. »

Par cette lettre, notre Mère avait part aux bonnes
œuvres de la Compagnie tout entière et en devenait
en quelque sorte membre. Aussi, quand Eugénie devint
Fille de la Charité, notre Mère termina toujours les
lettres qu'elle lui adressait par ces mots : « *Votre mère
et sœur.* »

De la Tour-Saint-Joseph, Marie arrivait aussi par
la pensée et par la plume, pour prendre part aux
réjouissances des 11 et 12 août (1) : « Avec quelle

---

1. La Tour, août 1877.

» joie je viens aujourd'hui vous offrir mes vœux et
» mon bouquet à l'occasion de votre fête ! Il est vrai,
» ma chère Mère, je n'ai plus le bonheur d'être au
» milieu de mes frères et sœurs et de vous embras-
» ser à mon tour ; mais ce sacrifice, qui se fait sentir
» à mon cœur, forme une des plus belles fleurs que je
» me suis efforcée de mettre à votre bouquet cette
» semaine ; il ne me donne pas de regrets, mais il
» m'encourage, parce qu'avec le vôtre il se confond
» dans le Sacré Cœur de Jésus. Ah ! qu'il m'est doux
» de me savoir unie à vous, ma chère Mère, dans ce
» sacrifice !

» Je me joins par la pensée à mes frères et sœurs
» pour vous offrir le bouquet de la Sainte-Claire. Je le
» vois d'ici bien beau, et j'y découvre ma part de
» fleurs ; mais, vous le savez, à ce bouquet nous en
» ajoutons toujours un autre plus précieux ; cette
» année, j'ai apporté un soin particulier à le rendre
» plus digne de vous : la plus belle fleur que j'y mets,
» c'est la sainte Communion, ensuite la récitation de
» l'Office de la Sainte Vierge, mes prières, mes
» petits sacrifices. Je suis heureuse d'être Petite Sœur
» novice pour vous l'offrir, et un jour, je l'espère,

» j'aurai le bonheur inestimable de vous l'offrir étant
» Petite Sœur des Pauvres. »

Le 11 août 1878, on disait à notre Mère dans le
compliment d'usage : « Tous vos enfants sont aujour-
» d'hui réunis, sinon en réalité, au moins par la pensée
» et par la prière, pour célébrer votre fête. Celle
» d'entre eux (Eugénie), que vous avez eu la force
» toute chrétienne de conduire dernièrement dans sa
» nouvelle demeure, s'est inquiétée de votre fête avant
» son départ. Elle s'est dit qu'il vous serait agréable
» de voir la Sainte Vierge parée des fleurs qui ont
» servi d'ornement à vos filles dans les processions ;
» aussi s'est-elle empressée d'en tresser, avec le talent
» que vous lui connaissez, ces guirlandes qui forment
» comme une auréole autour de la statue de l'Imma-
» culée Conception. Aujourd'hui, bonne Mère, nous
» sommes heureux de pouvoir vous offrir ce petit
» présent, faible gage de l'amour que nous vous por-
» tons. » A ce présent, si délicatement préparé trois
mois d'avance, s'ajoutait une missive dans laquelle
Eugénie offrait à sa Mère un bouquet tout spirituel
formé de la sainte Communion, de toutes les actions
de sa journée, de quelques bonnes pensées, de quelques

oraisons jaculatoires, le tout relié au moyen d'une couronne offerte à Marie par la récitation du chapelet.

Il n'est point surprenant que les lettres de ses enfants, venant apporter à notre Mère l'assurance de leur bonheur et toutes les marques de la plus exquise piété filiale, aient été pour elle une source de délices. Habituée à tout rapporter à Dieu, elle en terminait la lecture par ces mots : « *Merci, mon Dieu !* »

Et puis, quelle variété d'événements dans cette correspondance des absents avec la famille : François, du Petit Séminaire de Montpellier où déjà il travaillait à la gloire de Dieu, envoyait à ses parents son premier *Dominus vobiscum* en tant que nouveau diacre ; quelque temps après, à la veille d'être ordonné prêtre, le 23 décembre 1876, il leur disait qu'à sa première Messe leurs noms viendraient les premiers sur ses lèvres au *Memento des vivants ;* au jour de l'an, à l'anniversaire des Premières Communions, chaque fois que les circonstances lui permettaient d'aller à Lourdes, il annonçait à la famille qu'il dirait la Messe pour tous ses membres. A la Sainte-Claire, la plus agréable pensée qu'il exprimât à sa Mère, était la promesse d'offrir le Saint Sacrifice pour elle ce jour-là.

« Jamais, disait-il à ses parents, je ne puis monter à
» l'autel sans que votre pensée, cher Père, la pensée
» de ma Mère ne m'y accompagne, ainsi que celle de
» mes frères et sœurs (1). »

Longtemps avant la profession de Marie, les quatre
enfants qui étaient encore dans la famille, avaient travaillé à recueillir l'argent nécessaire pour permettre à
leur Mère de faire le voyage de Bretagne. Quelques
jours avant la fête de l'Immaculée Conception de
l'année 1878, elle se mit en route, toute joyeuse, vers la
Tour-Saint-Joseph. Comment dépeindre son bonheur
dans cette circonstance si solennelle pour sa fille et si
délicieuse pour elle-même ? Voici en quels termes elle
s'exprimait elle-même, dans une lettre adressée à son
fils Louis (2) :

« Je le vois d'ici, le temps te paraît long, et tu es
» impatient de savoir comment s'est passé mon voyage.
» Je n'ai eu aucun embarras : j'avais reçu une lettre
» de ton frère aîné, me donnant tous les renseignements
» désirables. Je suis arrivée à Montfort à quatre heures
» du soir. Le lendemain, à cinq heures et demie, je suis

1. Petit Séminaire de Montpellier, 23 juin 1878.
2. Ghissignies, 16 décembre 1878.

» partie en voiture pour Bécherel, où j'ai eu le bonheur
» de faire la sainte Communion. Après avoir assisté à
» la Grand'Messe, j'ai pris la route de la Tour où je
» suis arrivée vers une heure. J'y ai reçu l'hospitalité le
» lundi et le mardi.

» La cérémonie des vœux a été très belle et fort
» touchante. Une Petite Sœur m'avait placée en face
» de Marie, pour que je la voie parfaitement. Oh!
» combien j'ai pensé à toute la famille dont j'étais la
» représentante! Que de pleurs j'ai versés en voyant
» ma chère enfant si forte pour faire ses vœux! Elles
» étaient trente. Elles prononcent leurs vœux, un
» cierge à la main, et vont ensuite se ranger sur un
» tapis disposé en avant du chœur. Tout à coup elles
» tombent la face contre terre ; un drap des morts les
» recouvre aussitôt et les cache aux regards pendant
» qu'on chante le *Libera*. Elles se relèvent pour le
» chant du *Te Deum*, après lequel elles vont embrasser
» leurs parents. Quelle joie pour Marie de m'embrasser

» Je t'ai seulement parlé des vœux de Marie, mais
» avant la profession, il y eut la prise d'habit pour
» trente-huit novices. Elles étaient vêtues de blanc

» et portaient une couronne de roses blanches. Le
» Supérieur leur donna de sa main leur nouvel habit.
» Pendant qu'elles allèrent s'en revêtir, on chanta un
» cantique se rapportant à la circonstance, et elles
» reparurent bientôt habillées en Petites Sœurs.

» Je remercie le bon Dieu et mes enfants de m'avoir
» procuré ce bonheur. Oh! que ta marraine était
» heureuse! Elle et ses compagnes disaient : « C'est
» le plus beau jour de notre vie! »

» Après la cérémonie, elles sont allées au devant
» de leur Supérieure Générale. Marie, qui me tenait
» par la main, me présenta à elle. Le soir des vœux,
» on fit connaître aux professes leurs destinations
» respectives. Treize d'entre elles, et Marie en était,
» furent désignées pour l'Espagne, où quatre nou-
» velles maisons ont été fondées cette année ; elles
» étaient bien contentes d'aller en fondation. Pour
» moi, j'ai dû faire un grand sacrifice, mais je contins
» mon émotion, car Marie était si heureuse !

» Je suis restée presque tout le temps avec ta sœur.
» Nous avons pris nos repas ensemble ; nous avons
» aussi visité la maison qui est très grande : pour t'en
» donner une idée, elle renferme une galerie qui a

» cent quarante-cinq mètres de long, et qui sert pour les
» récréations des novices quand le temps est mauvais.
» Quel bonheur goûtent ces enfants-là !

» En passant à Paris, j'avais vu Eugénie au Noviciat
» des Filles de la Charité, et je l'ai revue à mon
» retour : elle est contente et heureuse. J'ai été
» remercier la Bonne Mère d'Ivry ; elle voudrait bien
» ravoir Eugénie après son noviciat. »

Marie, parlant de l'attitude admirable de sa Mère
le jour des vœux, s'exprime ainsi : « Heureuse de
» mon bonheur, elle me dit : « Allons, Marie, soyez
» toujours toute au bon Dieu ! puisque vous vous êtes
» donnée à lui, ne lui appartenez pas à demi, mais
» tout entière ! » — « Oui, ma Mère, lui répondis-je,
» c'est ce que je veux faire avec la grâce de Dieu. »
» Elle apprit que la sainte obéissance m'envoyait en
» Espagne, et pas un mot de regret ne sortit de sa
» bouche, pas un nuage de tristesse n'obscurcit la
» sérénité de son visage ; jamais je n'ai su si cet
» éloignement de la patrie fut pour elle ou pour mon
» Père un sacrifice. »

Quelques jours après sa profession, Marie écrivait
à ses parents (1) : « Cette fois, c'est de Madrid que

» je viens vous offrir mes souhaits de bonne année ;
» mais, de loin comme de près, c'est toujours votre
» petite fille aînée qui arrive se grouper autour de
» vous avec ses frères et sœurs ; et même je vous
» dirai naïvement que je m'efforce de rendre mes
» vœux plus sincères, plus ardents que les autres
» années. C'est que, voyez-vous, maintenant je ne
» suis plus une novice, mais une Petite Sœur des
» Pauvres ; je suis comme une apprentie qui a ter-
» miné son apprentissage, et qui va exercer son état
» avec une sainte intrépidité...

» Ma bonne Mère, je ne saurais jamais assez vous
» remercier d'être venue à ma profession. Quel courage
» vous m'avez montré ! Non, jamais je ne serai trop
» courageuse dans ma vocation, car je vois bien que,
» si vous étiez à ma place, vous en feriez bien plus
» que je ne fais ; mais ne craignez pas, je vais me
» donner tout entière ; quand nous nous retrouverons,
» vous verrez que je serai forte, juste comme vous,
» mon Père, courageuse et intrépide comme vous, ma
» chère Mère !...

» Nous passons la Noël à Madrid, mais nous devons

---

1. Madrid, 25 décembre 1878.

» partir demain pour Baeza (province de Jaen) : c'est là
» que nous allons en fondation... Vous ne sauriez com-
» prendre quelle faveur on m'a faite en m'envoyant en
» fondation. Remerciez le bon DIEU pour moi. Depuis
» mes vœux nous voyageons. J'ai passé quatre jours à
» Barcelone : j'y ai soigné les infirmes et aidé une petite
» bonne femme à mourir. Oh ! que j'étais heureuse !...
» N'ayez aucune inquiétude à mon sujet : je sens que
» le bon DIEU m'a mise au monde avec ma vocation, et
» vous verrez plus tard au paradis comme cela est
vrai. »

La Providence réservait encore de grandes consolations à nos parents. En 1877, après quatre années
d'absence, François vint passer quelques jours au sein
de la famille. DIEU avait choisi cet enfant pour l'élever
à la dignité du sacerdoce et le placer au rang des
princes de son peuple : aussi c'est avec des larmes de
bonheur que notre Mère le reçut, c'est avec affection
et vénération tout ensemble qu'elle le posséda. Quelle
joie ineffable pour elle de le voir au saint autel
offrant la divine Victime, de l'entendre annoncer la
parole de DIEU, de se jeter à ses genoux pour implorer
sa bénédiction !

Deux ans après cette inoubliable visite, Eugénie écrivait à la famille (1) : « Unissez-vous tous à moi, » mon Père, ma Mère, mes frères et mes sœurs, parce » que le Seigneur, malgré mon indignité, a fait en » moi de grandes choses. Le dernier jour de la neuvaine » de la Translation des Reliques de saint Vincent, je » fus appelée par mes Supérieures à la prise d'habit ; » et le 27 mai, Dieu me revêtit du saint habit de la » Charité : c'en est fait, je suis à lui pour jamais de » corps et d'âme, et je veux vous ressembler, cher » Père, bien-aimée Mère, dans votre générosité envers » Dieu...

» Vous dire le bonheur que j'ai goûté le 27 mai, » je ne le saurais. Ne pouvant vous écrire à cette » occasion, parce que cela ne se fait pas à la prise » d'habit, j'ai invité, chers Parents, chacun de vos » anges gardiens à venir être témoin de cette grande » et sainte action et du bonheur que je goûtais. J'ai » bien prié pour vous, chers Parents, parce que c'est » à vous et à vos bons exemples que je dois ce » bonheur. Désormais votre fille Eugénie est Fille » de la Charité, fille du cœur de Dieu, puisque c'est

---

1. Dourdan, Hospice civil, fin de mai 1879.

» l'amour de DIEU pour les pauvres qui a inspiré à
» saint Vincent l'institution de notre Compagnie.

» Après la prise d'habit, je me rendis à Dourdan
» (Seine-et-Oise), où j'ai trouvé une bonne Supérieure
» et des compagnes très aimables. Aujourd'hui j'ai
» fait connaissance avec la maison et ses chers habi-
» tants, les pauvres. La maison de Dourdan a été
» fondée par saint Vincent lui-même : il l'a visitée, et
» l'on y conserve une lettre écrite de sa main. »

Terminons ce chapitre, dans lequel nous avons pu
admirer comment DIEU sait convertir les épines en
roses pour ceux qui ne comptent pas avec lui, par ces
lignes que notre bien-aimée Mère adressait à Louis,
alors au Grand Séminaire (1) : « Je viens te présenter
» mes souhaits à l'occasion de ta fête : que saint Louis
» de Gonzague prie pour toi et t'aide dans tes études ;
» qu'il t'obtienne d'être toujours bon et pieux. La
» sainte Communion et la récitation d'un chapelet à
» ton intention, c'est le bouquet que je t'offre.

» Réjouissons-nous dans le Seigneur : ta sœur
» Eugénie est Fille de la Charité ! »

1. Ghissignies, 20 juin 1879.

Une mère chrétienne.   8

Chapitre Dixième.

TRISTESSES ET JOIES. — 1879-1883.

L E 22 avril 1880, alors que nos parents habitaient avec leur famille la demeure qui avait appartenu à nos grands parents maternels, des étincelles, portées par le vent sur le toit de chaume de la maison natale de notre Père, y déterminèrent un violent incendie et en quelques heures la rendirent la proie des flammes.

Cet événement attrista profondément notre Père et notre Mère : pendant les vingt premières années de leur mariage, ils avaient habité cette maison dans laquelle étaient nés tous leurs enfants, et les flammes venaient d'en faire un monceau de ruines ! Elle disparaissait au moment où tous deux, devenus sexagénaires, (notre Père avait alors soixante-quatre ans et notre Mère soixante-deux), nourrissaient l'espoir d'aller bientôt s'y reposer des fatigues d'une vie de labeurs, et y finir leurs jours dans le calme et la solitude !

Dès qu'il eut connaissance de cet événement, François s'empressa de consoler nos parents : « Hier soir,

» leur écrivait-il, j'ai reçu votre lettre, et j'y réponds de
» suite par quelques mots. Je remercie Dieu de ce que
» ce malheur subi par la famille a été accepté par tous
» avec des sentiments bien chrétiens et avec la plus
» entière résignation... Soyez persuadés que même
» quand Dieu éprouve, il a toujours des desseins qui
» parfois nous échappent. Les choses d'ici-bas passent
» et se transforment, tout passe vite ; avant tout, pas-
» sons bien nous-mêmes sur terre en marchant vers le
» ciel.

» La maison qui nous a vus naître n'est plus ; bien
» accepter cette peine, c'est embellir la maison qui doit
» nous recevoir tous au ciel : celle-là ne prendra pas
» feu et elle sera aussi belle que nous l'aurons faite
» nous-mêmes en travaillant sur la terre. Plus de cha-
» grins et de tristesses inutiles, plus de regrets super-
» flus ; mais que tout tranquillement on se mette à
» l'œuvre dans la mesure des ressources de la famille,
» pour faire sortir des ruines une autre maison simple
» et commode (1). »

Nos parents résolurent donc de construire une nouvelle maison sur l'emplacement de l'ancienne. En peu

---

1. Montpellier, le 9 mai 1880.

de temps, sous l'active et intelligente direction de notre frère Jean-Baptiste, une charmante habitation s'éleva de terre ; et, l'année suivante, notre Père et notre Mère vinrent s'y fixer avec leurs filles Zoé, Lucie et Julie.

Cependant, du fond de l'Espagne, Marie, en religion Sœur Elisabeth de Sainte-Cécile, entretenait au foyer natal une joie suave par des lettres fréquentes, où la simplicité la plus ravissante le disputait à la gaîté la plus franche et aux sentiments les plus nobles : « Ma » chère Mère, notre Bonne Mère me prie de vous dire » mille choses de sa part. Si vous saviez comme elle » est bonne ! Elle me charge aussi de vous informer » qu'elle veut vous remplacer près de moi, et je vous » assure qu'elle le fait bien : elle a compris combien » vous étiez bonne pour vos enfants ! Je ne mérite pas » qu'elle m'entoure de tant de soins. Soyez donc sans » inquiétude : le bon DIEU m'a donné en elle une » mère comme je n'aurais jamais osé le désirer (1).

» Souvent le bon DIEU nous donne jusqu'au superflu. » Il arrive que saint Joseph me procure deux ou trois » douzaines d'œufs à la fois ; le petit saloir est maintenant tout rempli de provisions ; les pommes de

---

1. Baeza, le 11 mai 1879.

» terre ne sont pas encore épuisées. Les miracles n'ar-
» rêtent pas (1).

» Nous avons quêté du blé. Dans le mur auprès
» duquel il était déposé, on a mis une médaille de saint
» Joseph. Nous venons de vendre ce blé, juste au
» moment qu'il est le plus cher, et nous en avons vendu
» une bien plus grande quantité que ce que nous
» avions recueilli : un de nos bienfaiteurs, ayant eu con-
» naissance de cette multiplication merveilleuse, en est
» resté stupéfait (2). »

Parfois l'aimable Petite Sœur voudrait « se renfermer
» dans sa lettre » et partir ainsi pour le beau pays de
France, ou bien « être douce hirondelle » pour prendre
son essor vers Ghissignies et y quêter des ornements
sacrés, et autres choses encore. Volontiers notre excellente Mère répondait aux désirs de sa fille ou se faisait
son interprète auprès de M. Hannoire, curé de Ghissignies, de M. Villain, curé de Saint-Aubert et ami de
la famille, de la chère cousine Lucie : à plusieurs reprises, elle fit pour Baeza des envois toujours reçus
avec allégresse.

1. Baeza, le 30 mai 1879.
2. Baeza, le 8 février 1880.

C'est avec une grâce parfaite que, le 5 août 1880, Marie proposa à ses parents un voyage spirituel à Baeza : « Je viens vous inviter, leur disait-elle, à venir
» faire une petite promenade par Baeza, afin d'y visiter
» l'humble asile des Petites Sœurs des Pauvres. Bien
» que ce soit le temps de la moisson, je vous vois tout
» prêts à me suivre. Eh bien ! commençons par la mai-
» son des Petites Sœurs. Ici vous trouvez, près de la
» porte d'entrée, la chapelle, grande comme la plus
» grande chambre de la maison paternelle. Les jours
» de fête, elle est délicieuse. Les Sacrés Cœurs, dus à
» la générosité de M. le Curé de Ghissignies et à la
» vôtre, vous réjouissent par leur douce figure ; le
» tabernacle, qui auparavant n'avait qu'un voile en
» coton, est maintenant orné d'un magnifique conopée
» en soie blanche brodée d'un calice, d'épis de blé et de
» grappes de raisin. La chapelle est pavée en beaux
» carreaux rouges. Un peu plus loin, c'est la salle des
» femmes, dont les unes mettent leur bonheur à élever
» des petits poulets, les autres passent leur temps à
» prier, à nettoyer leurs croix ou leurs médailles, à
» coudre, à tricoter, à éplucher les légumes, etc.

» Là, dans le fond, vous voyez une petite cuisine, et

» dans cette cuisine une Petite Sœur, occupée à laver, à
» frotter, à allumer le feu, à faire roussir des oignons :
» cette Petite Sœur, c'est la Sœur Élisabeth. Ensuite
» vient la salle des hommes : c'est un petit paradis ; ils
» prient, ils chantent des cantiques à vous faire pleurer.
» La buanderie est en bas, près d'un grand jardin où
» l'on met sécher le linge. Après la buanderie, c'est la
» basse-cour. Ici, mon Père, voyez la belle vache ;
» admirez le beau veau ! avec vous je dirais bien que
» je ne le donnerais pas pour cent francs : il a un dos
» aussi large qu'une table. Et notre petit âne : le voyez-
» vous comme il donne des coups de pied ; c'est qu'il
» n'a pas tété son comptant ; sa mère est aux champs
» avec un vieillard et va rapporter de l'herbe pour les
» lapins. Prenez garde à vos pieds, ou vous marcherez
» sur les poules : elles sont si nombreuses ! Pour la
» Saint-Augustin, nous tuerons les coqs. Mais je suis
» encore plus fière de vous montrer notre blé, notre
» orge, nos pois et nos fèves !

» Maintenant j'ai hâte d'apprendre comment vous
» allez et de faire aussi un petit voyage chez nous, pour
» savoir si la moisson sera belle, si vous n'êtes pas trop
» fatigués... »

Empruntons encore quelques pensées à la correspondance de la Sœur Elisabeth : « Mes chers Parents, » il faut que je vous dise, avant toute autre chose, que » nous avons ici une bonne vieille femme qui, tous les » jours, récite deux chapelets, un pour vous, mon Père, » et un pour vous, ma Mère. Elle a voulu savoir vos » noms, et elle prie pour vous saint Jean-Baptiste et » sainte Claire « *todos los dias, Hermanita,* » ce qui veut » dire : tous les jours, Petite Sœur. Je serais contente » si, pour la remercier, vous lui envoyiez une image ou » une médaille (1).

» Ma chère Mère, pour vous coñsoler, je vous redirai » que personne sur la terre ne goûte plus de bonheur » que moi. La vie religieuse est pour moi la conti- » nuation de notre vie de famille. En deux mots véri- » tables, je suis la plus heureuse du monde. Notre » Bonne Mère vous offre aussi son bouquet de prières, » et, le jour de la Sainte-Cláire, elle fera prier nos vieil- » lards pour vous et pour tous les vôtres (2).

» Je me plais, chaque année, à vous dire comme je » suis contente. Eh bien, cette fois je vous dirai que

1. Baeza, le 7 novembre 1880.
2. Baeza, le 6 août 1881.

» pas le moindre regret d'avoir quitté le monde ne
» vient obscurcir mon bonheur. Je suis comme une
» montagne qui se moque des vents et des pluies. Je
» suis là où le bon Dieu me veut, et je goûte un
» parfait bonheur. Que Dieu soit mille fois béni et
» qu'il vous récompense de m'avoir sacrifiée à lui (1). »

A ces lettres, toujours si savourées de notre Mère, nous voudrions pouvoir entremêler les réponses qu'elle y donnait : quelle générosité, quelle élévation de pensées et de sentiments n'y admirerions-nous pas ! Mais ces réponses n'existent plus : lorsqu'il fut question d'écrire quelques pages à la mémoire de notre Mère, Marie disait : « Je regrette de n'avoir aucune des
» lettres de notre bien-aimée Mère, car toujours, après
» les avoir lues, je les offre en sacrifice. C'est peu de
» chose, mais ce peu est agréable à Notre-Seigneur
» quand il le demande de nous (2). »

Les joies de notre Mère n'étaient cependant pas à l'abri de toute préoccupation. Elle écrivait à Louis, qui venait de subir avec succès les épreuves de la licence ès-sciences : « Je viens, au nom de ton Père, de

1. Baeza, le 24 décembre 1881.
2. Lettre de Marie à Louis, San-Fernando, le 27 septembre 1892.

» ton frère Jean-Baptiste et de tes sœurs, te féliciter
» de ton succès : c'est avec bonheur que nous avons
» reçu ta lettre. Rendons grâces à DIEU de tant de
» bontés qu'il a pour nous ; prions-le de nous les con-
» tinuer surtout en faveur de ton frère Jean-Baptiste,
» afin qu'il puisse prendre une femme digne de ses
» frères et sœurs et de ton Père (1). » — « Prie sou-
» vent pour nous et en particulier pour ton frère
» Jean-Baptiste, car son bonheur dépend du mariage
» qu'il fera (2). » C'est avec la même insistance qu'elle
recommandait à François, à Marie et à Eugénie de
prier pour l'avenir de ce jeune-homme si aimé des
siens et si dévoué aux intérêts de la famille.

Les prières de notre Mère furent exaucées, et c'est
dans les termes suivants que François en témoignait
sa satisfaction à nos parents : « La nouvelle du pro-
» chain mariage de mon frère Jean-Baptiste m'a fait
» plaisir. Je ne manque pas de bien prier DIEU pour
» attirer ses bénédictions sur cette union, et je sais
» que tous dans la famille font de même. Comme je le
» dis à mon frère dans ma lettre, je désire savoir le

1. Ghissignies, le 17 novembre 1878.
2. Ghissignies, mars 1878. (Notre Mère à Louis.)

» jour précis du mariage, afin que ce jour-là je puisse
» offrir le Saint Sacrifice de la Messe pour les nou-
» veaux mariés (1). »

Le 24 février 1881, Jean-Baptiste contractait alliance avec Mademoiselle Maria-Clara Joveniaux ; les fiancés reçurent la bénédiction nuptiale de M. l'abbé Carlier, alors Doyen de Templeuve. Indicible fut le bonheur de notre Mère, en voyant son cher Jean-Baptiste s'unir à une femme digne de lui et portant, comme elle, le nom de la Femme bénie entre toutes et celui de la fondatrice des Clarisses. Elle voua à sa nouvelle fille la même affection maternelle qu'à ses propres enfants. Quelques jours après ce joyeux événement, elle disait à Louis : « Clara est chez nous, et nous la traitons tout
» à fait comme si c'était Marie revenue parmi nous :
» il semble qu'elle a toujours été avec nous. Nous
» avons tous célébré la Saint-Joseph, c'est-à-dire que
» nous avons fait la sainte Communion. Ce soir, nous
» allons à Beaudignies, pour y assister à une séance
» récréative donnée par les demoiselles du patronage.
» J'espère que saint Joseph ne nous abandonnera pas,
» lui qui a toujours protégé la famille. Ayons confiance

---

1. Montpellier, le 16 février 1881.

» pour ce qui reste à faire... Je suis heureuse du bon-
» heur de Jean-Baptiste et de Clara (1). »

Ce qui restait à faire, c'était l'aménagement de la
nouvelle maison et l'entrée de nos parents dans l'habitation destinée à abriter leur vieillesse. Tout se fit
avec entrain. Ce ne fut pourtant point sans regret
que notre Mère s'éloigna de sa chère maison natale,
qui lui rappelait et son enfance, et ses frères et sœurs,
et ses bien-aimés parents. Ce ne fut pas sans douleur qu'elle quitta ses chers enfants, Jean-Baptiste et
Clara, que cette séparation attristait. Elle se consola
à la pensée qu'ils allaient faire revivre dans leur pos-
térité, elle en avait le doux espoir, le nom et les vertus
de leur Père.

Le souvenir des bontés de notre Mère inspirait à
Clara les réflexions suivantes : « Le jour de mon ma-
» riage, je demandai à la Mère de mon époux de dai-
» gner m'agréer pour sa fille. Elle y consentit avec
» effusion et m'embrassa tendrement. Pendant quel-
» ques mois, nous vécûmes tous ensemble, et je goû-
» tais un grand bonheur d'avoir retrouvé une seconde
» mère, moi qui avais perdu la mienne à l'âge de neuf

---

1. Ghissignies, le 18 mars 1881.

» ans. Quelque temps après mon arrivée à Ghissignies,
» je tombai malade des suites d'une blessure reçue au
» bras : ma Mère était toujours près de moi, pour me
» prodiguer ses soins et me consoler dans mes souf-
» frances. Quand vint la séparation, j'en eus le cœur
» tout rempli de tristesse, car je souhaitais vivre pour
» toujours sous le même toit que celle que j'appelais
» du doux nom de Mère ! »

Peu de temps après le mariage de Jean-Baptiste, un autre événement vint réjouir encore nos bons parents. Tout en utilisant les talents de François pour le bien de l'Eglise, DIEU voulut qu'il se rapprochât du nord de la France, pour être sans doute la consolation de sa famille au milieu des circonstances douloureuses qu'elle allait bientôt traverser. Aux vacances de Pâques de l'année 1881, notre frère aîné, récemment nommé Supérieur du Petit Séminaire de Soissons, arrivait à Ghissignies, causant à nos parents la plus agréable surprise. Cette visite apporta à notre Mère une joie ineffable : posséder dans sa demeure non seulement son fils, mais un prêtre de JÉSUS-CHRIST, c'était le comble de ses désirs et un honneur sans pareil !

Quelques mois plus tard, notre Mère, accompagnée de la cousine Lucie, alla visiter Eugénie revenue depuis peu à Ivry. Le visage tout rayonnant de bonheur, elle ne savait comment exprimer sa vive satisfaction, à la vue de sa fille portant l'habit et la cornette de la Sœur de Charité ! Ce lui fut aussi une grande joie de revenir par Soissons et de s'y arrêter quelques jours, heureuse de prier dans l'église de Saint-Léger, où chaque matin son fils disait la sainte Messe ; heureuse également de constater les encourageantes sympathies qui avaient entouré l'arrivée de son fils dans ses nouvelles œuvres. L'attrayante bonté de notre Mère fit une vive impression sur les professeurs de Saint-Léger ; aussi, dans la suite, ils aimeront à venir visiter la Mère de leur Supérieur dans sa modeste retraite de Ghissignies.

Le bonheur que notre Mère goûtait dans ses enfants, était tempéré par de bien douloureuses appréhensions. On venait d'expulser violemment les Religieux de leur demeure ; on chassait impitoyablement les Sœurs des hôpitaux et des écoles ; on éloignait des yeux des enfants l'image du divin Crucifié, et de leur esprit l'idée de Dieu ; les lévites du sanctuaire étaient menacés du service militaire ; on inaugurait dans l'ombre la persécution fiscale contre les Congrégations religieuses, qu'on voulait dépouiller peu à peu de leurs biens. Toutes ces violences faites à l'Eglise, toutes ces injustices dirigées contre elle, faisaient grandement souffrir son cœur de chrétienne et de mère, et elle adressait à Dieu de ferventes prières, pour qu'il daignât humilier les ennemis de l'Eglise et mettre un frein à leur audace. A Ivry, où était Eugénie, les Filles de la Charité de l'Hôpital des Incurables, en récompense · de leurs dévoués services, étaient menacées d'être congédiées ; déjà même, les malles avaient été faites en partie, mais la Providence avait permis que cette vilaine action fût différée. Notre Mère s'attendait donc à apprendre, un jour ou l'autre, que sa fille avait été chassée du chevet des malades auxquels elle prodiguait son dévouement et ses soins. De son côté, François dut rassurer notre Mère, en lui disant que les prêtres de Saint Vincent de Paul formaient une Congrégation reconnue par l'Etat. Mais ce que les sectaires ne faisaient pas aujourd'hui, ne le tenteraient-ils pas demain ?

Une autre épreuve bien sensible au cœur de notre

Mère, fut la mort inopinée de M. Hannoire, curé de Ghissignies. Pendant vingt-huit ans, cet excellent prêtre avait été pour elle un directeur spirituel plein de bonté, de lumière et de zèle ; toujours il avait donné à sa famille les marques du dévouement le plus généreux : il était pour nous tous comme un second père ; il avait dirigé François et Louis pendant les premières années de leur préparation au sacerdoce ! M. Hannoire allait voir bientôt son plus jeune élève, Louis, monter au saint autel, quand le 16 février 1882, la mort le ravit à l'affection de ses paroissiens. Notre Mère se faisait un devoir de prier pour tous les bienfaiteurs de ses enfants : c'est assez dire combien elle pria pour ce vénérable prêtre qui se plut à nous combler tous de nombreux bienfaits.

La veille de la Sainte-Claire, le 11 août 1882, Jean-Baptiste et Clara, Louis, Zoé, Lucie et Julie émettaient le vœu que le Ciel leur accordât l'insigne faveur, préparée de longue main par leurs petits sacrifices, de voir leur Mère visiter le plus illustre sanctuaire de la Vierge Immaculée. Ce projet si agréable au cœur de notre Mère, devait avoir sa réalisation. Quelques jours après sa fête, elle partit en effet pour Lourdes, accompagnée de sa fidèle amie, notre cousine Lucie. Impossible de dépeindre le bonheur que goûta notre pieuse Mère auprès de la Grotte miraculeuse, où la Sainte Vierge est venue se définir elle-même en disant à Bernadette : « Je suis l'Immaculée Conception. » Si des prières ferventes furent jamais faites à Lourdes, ce sont bien celles de notre Mère. La Vierge clémente a entendu sa voix suppliante, car les bénédictions du Ciel ont continué de tomber abondantes sur toute la famille.

En revenant de Lourdes, notre Mère rendit visite à sa fille Eugénie, ainsi qu'à la Sœur Malpel, Supérieure des Incurables. Cette digne Supérieure eut toujours une large part aux prières et à l'affection de notre Mère, tant à cause de ses bontés à l'égard de François depuis son entrée dans la Congrégation de la Mission, qu'à cause de l'intérêt si vrai qu'elle porta à Eugénie. L'entrevue de la Mère et de la fille ne dura qu'une journée et se passa doucement et sans trop d'émotions ; elles se quittèrent dans la volonté de Dieu, calmes, résignées et souriantes. « Je n'ai jamais revu cette » bonne Mère, dit Eugénie, sans me sentir comme » encouragée et ranimée même dans ma vocation. Nos

» entrevues furent toujours vivifiées par l'esprit de
» foi ; et elles étaient, de part et d'autre, un véritable
» stimulant pour continuer à être généreuses. Tout en
» m'avouant qu'elle devait renouveler son sacrifice
» chaque jour, elle m'exhortait à faire de même, afin
» de me montrer toujours aussi généreuse qu'au pre-
» mier jour. »

Les deux pèlerines, notre Mère et notre cousine
Lucie, étaient à peine de retour à Saint-Aubert qu'elles
y virent arriver notre Père avec presque toute la
famille et François lui-même. Ce dernier, prêchant
une retraite aux Sœurs de Charité, à l'Hôpital Général de Cambrai, vint passer quelques heures chez le
bon M. Villain, qui avait voulu nous fêter tous, dans
son presbytère, par une rénion de famille des plus
agréables. Notre Mère nous raconta, toute joyeuse, les
impressions de son pèlerinage : elle souhaitait que
Jean-Baptiste, Clara et tous ses enfants allassent un
jour goûter à Lourdes le même bonheur.

Le 23 décembre de la même année (1882), Louis se
donnait irrévocablement à Dieu par le sous-diaconat.
Quelques jours après, il écrivait à ses parents : « Me
« voilà définitivement consacré à Dieu, quel bonheur

» c'est pour moi d'appartenir sans retour à un Maître si
» grand !... Qu'il est beau le jour de l'ordination !
» Qu'on se sent près de Dieu, qu'elles sont douces et
» ineffaçables les émotions qu'on éprouve ! Ce jour-là,
» j'ai prié pour chacun de vous ; surtout je n'ai point
» oublié ma bonne Mère, à qui sa santé n'a pas permis
» d'assister à cette cérémonie. Oui, cher Père et chère
» Mère, si Dieu m'a fait la grâce de la vocation au
» sacerdoce, je le dois à votre vie chrétienne, à vos
» sentiments religieux, qui ont attiré sur votre famille
» les bénédictions du Ciel. Si, depuis mon entrée au
» Séminaire, j'ai tâché de répondre à l'appel de Dieu,
» j'en suis redevable à vos prières. Merci mille fois,
» chers Parents... Que vous rendrai-je pour tant de
» bienfaits ? Comme mon frère François, si Dieu me
» fait la grâce d'être un jour prêtre, je prierai pour
» vous au Saint Sacrifice. Oh ! qu'il vienne bientôt ce
» beau jour, où, en offrant l'adorable Victime, je pourrai
» recommander à Dieu ceux qui m'ont donné le jour,
» et satisfaire par là les désirs de ma reconnais-
» sance (1) ! »

A côté de la joie que lui causait le sous-diaconat de

____

1. Cambrai, le 30 décembre 1882.

Louis, il y eut donc pour notre Mère le regret de ne pouvoir assister à l'ordination. Presque à chaque hiver, elle était atteinte de bronchites qui parfois causaient à la famille de vives inquiétudes et menaçaient souvent de dégénérer en congestion pulmonaire. C'est dans une de ces alarmantes circonstances, que Mademoiselle Caroline Hannoire rendit un grand service à notre Mère, et peut-être lui sauva-t-elle la vie, en ayant recours à la saignée. La délicatesse de sa santé était pour elle l'occasion de souffrances fréquentes et presque continues : elle les sanctifiait par la pensée de la volonté de Dieu, par la patience et une douce joie.

En rentrant dans la famille à l'époque des grandes vacances, le jeune sous-diacre, pour répondre au désir de ses frères et sœurs, entreprit de donner comme un complément et un couronnement au pèlerinage de sa Mère à Lourdes. L'incendie, qui avait détruit la chaumière de nos aïeux, avait respecté l'alcôve où nous reçûmes tous le jour. C'est en cet endroit que Louis, sans autre architecte que sa bonne volonté, construisit de sa main une charmante grotte, où fut placée une statue de Notre-Dame de Lourdes. Pour rappeler la source miraculeuse des Roches Massabielle, il creusa, en face du petit sanctuaire, un bassin aux ondes jaillissantes. François, venu de Soissons, bénit cet humble monument élevé à gloire de la Reine du ciel. Que de fois notre Mère vint s'y agenouiller et y épancher son âme ! Là, elle nous avait donné le jour ; là, elle avait offert à DIEU les prémices de notre existence ; là encore, au déclin de la vie, elle pensait à nous et priait pour nous ; là enfin, elle aimait à nous présenter à DIEU par les mains de la Vierge sans tache.

Chapitre Onzième.

DÉPART DE ZOÉ.
.MALADIE ET MORT DE NOTRE PÈRE.
1883-1884.

Depuis longtemps, Zoé éprouvait le désir de marcher sur les traces de sa sœur aînée et de devenir, comme elle, Petite Sœur des Pauvres. Les soins qu'elle avait souvent donnés à notre tante Rainelde avec un dévouement à toute épreuve, avaient été pour elle une excellente préparation à sa noble vocation. Elle résolut donc de s'adresser tout d'abord à sa Mère. Elle s'ouvrit à elle dans l'après-midi d'un Jour des Rois, avec l'espoir que les joies du souper et de la soirée dissiperaient la peine que devait lui causer une telle confidence. « A ma grande surprise, raconte » Zoé, ma Mère me répondit avec beaucoup de calme » que jamais elle ne s'opposerait à mon départ. Ma » joie fut immense; et je lui dis : « Ma Mère, je n'osais » vous en parler dans la pensée que j'allais vous causer » une grande peine. — Oui, me répondit-elle, ma peine

» est grande, mais je ne m'opposerai en rien à votre des-
» sein : j'aime mieux vous donner au bon Dieu qu'au
» monde. » La soirée se passa admirablement bien,
» sans que personne s'aperçût de rien ; cependant
» lorsque je regardais ma Mère, je voyais ses yeux
» remplis de larmes ; mais sa grandeur d'âme était telle,
» qu'elle se récréa avec nous comme si rien n'était ! »

Grâce à l'intervention de François, notre Père mit
un terme aux soucis que causaient à Zoé les délais
apportés à son départ, et qui nuisaient même quelque
peu à sa santé. Cette nouvelle séparation fut un grand
sacrifice pour nos parents : Zoé avait si bon cœur, elle
était si dévouée pour tous, elle mettait tant de gaîté
dans la famille ! Le 26 septembre 1883, elle s'arracha
aux embrassements de son Père, de ses frères et sœurs,
et se rendit, accompagnée de sa courageuse Mère, à
la maison des Petites Sœurs d'Escaudœuvres, pour y
faire son postulat.

Dès qu'il apprit ce départ, François s'empressa
d'envoyer à nos parents quelques paroles de consolation : « Je comprends et j'apprécie trop les sacrifices que
» vous imposez à votre cœur, pour ne pas vous écrire à
» propos de cette séparation. Cher et bon Père, chère

» et bonne Mère, c'est à DIEU que vous donnez la
» plus grande grande partie de vos enfants, et je ne
» doute pas que souvent, dans votre cœur, vous ne
» disiez : Mon DIEU, c'est pour vous que nous faisons
» tous ces sacrifices ; que nos enfants soient notre
» bénédiction, que nos sacrifices nous méritent une
» bonne mort et les joies du Paradis (1) ! »

Le départ de Zoé avait fait au cœur de nos parents
une vive blessure, sur laquelle DIEU mit bientôt un
baume consolateur. Il y avait à peine deux mois que
leur troisième fille était entrée chez les Petites Sœurs
des Pauvres, quand Eugénie, qui, pendant cinq ans,
s'était montrée la dévouée servante des infirmes et
des malades, fut admise à l'insigne honneur de se
consacrer à DIEU par les saints vœux, dans la même
famille religieuse que son frère François. Quelques
jours plus tard, ce dernier écrivait à nos parents :
« Je suis allé à Paris pour les vœux d'Eugénie. Le
» 21 novembre, fête de la Présentation de la Sainte
» Vierge, à cinq heures du matin, j'ai dit la Messe des
» vœux à la Maison Mère des Filles de la Charité.
» Eugénie, ou mieux Sœur Vincent, était au fond de

----

1. Soissons, le 19 octobre 1883.

» la chapelle, mais sa voix m'arrivait nette et distincte
» jusqu'à l'autel... Je me disais alors : « Qui eût dit, le
» jour où je jetais des dragées à propos de son baptême,
» que plus tard moi, enfant de Saint Vincent, je rece-
» vrais les vœux de ma filleule, Fille de la Charité !... »
» Ma Mère a demandé la couronne des vœux : cette
» couronne lui sera envoyée d'Ivry même ; je n'ai pu
» l'emporter, car, le soir de mon départ, Sœur Vincent
» devait encore la mettre au souper (1). »

L'heureuse professe envoya à sa pieuse Mère non
seulement la couronne si désirée, mais encore un
reliquaire de sainte Claire.

C'est le cœur rempli de joie et de reconnaissance
que notre Mère, écrivant à François, lui disait : « Je
» remercie le bon Dieu de la bonté avec laquelle il
» dirige toutes choses, surtout dans notre famille.
» Quel bonheur pour moi que, à la messe de mon fils,
» ma chère fille ait fait ses vœux ! Merci, mon Dieu,
» de tant de bonté ! Ce jour-là, nous avons fait la
» sainte Communion pour elle ; lundi, je la ferai pour
» toi. Si le bon Dieu le permet, j'irai voir Zoé à

____

1. Soissons, le 27 novembre 1883.

» Noël, et en même temps j'assisterai à l'ordination
» de Louis (1). »

Les vœux d'Eugénie, qui réjouirent tant notre Mère,
et le diaconat de Louis, auquel elle assista (22 décembre 1883), devaient être comme la préparation providentielle à un grand sacrifice. En effet, au commencement de l'année 1884, le médecin constatait chez notre
Père une maladie grave et un peu de gonflement aux
pieds; notre Mère désolée comprit que son époux
serait rapidement emporté.

François, instruit de la maladie de son Père et
sachant que Zoé, postulante à Escaudœuvres, devait
partir bientôt en Bretagne pour le noviciat, résolut de
ménager à sa sœur une dernière entrevue avec ses
parents. A Ghissignies, (23 janvier 1884), Zoé se montra ferme, voire même très enjouée. Elle s'occupa, toute
la journée, d'aider ses sœurs et sa Mère et de vaquer à
tous les travaux de l'intérieur, comme si elle n'eût jamais
quitté la maison. Notre cousine Lucie était venue avec
empressement dire un dernier adieu à Zoé qu'elle
aimait beaucoup, et consoler notre Mère et notre Père.
Le soir, on soupa encore en famille; puis vint le moment

1. Ghissignies, le 29 novembre 1883.

de la séparation. Les derniers adieux furent touchants et silencieux. Pour éviter de violentes émotions à notre Père malade, chacun, à l'exemple de notre Mère, s'efforçait de refouler les larmes qui lui gonflaient le cœur. Après avoir reçu une suprême bénédiction de son Père et de sa Mère, Zoé reprit la route d'Escaudœuvres, toute consolée à la pensée de l'héroïsme aussi simple que chrétien des auteurs de ses jours. La semaine qui suivit son voyage à Ghissignies, Zoé se dirigeait vers la Tour-Saint-Joseph.

Après cette séparation dont il avait été le témoin ému, François adressa à notre Mère les lignes suivantes : « Je suis revenu bénissant le bon Dieu de » tout mon cœur... Mon Père et vous, ma bonne Mère, » vous avez été bien chrétiennement courageux et » généreux. Notre chère Zoé aussi a été plus vaillante » que je ne l'aurais cru. Vraiment, Dieu est bon pour » nous, et s'il impose des sacrifices à nos cœurs, comme » il y a un quelque chose de consolant qui reste au fond » de l'âme ! Pour vous, ma bonne et chère Mère, je » sais que depuis longtemps votre cœur est un autel » où vous savez renouveler sans cesse vos sacrifices, » les offrant à Dieu pour mon Père et pour tous vos

» enfants. C'est dans votre cœur si chrétien que Dieu
» découvre les germes de toutes les vocations de vos
» enfants : oui, ma Mère, votre couronne sera belle au
» ciel, et, un à un, nous nous y retrouverons bientôt
» au complet, car la terre est un exil : on n'y est que
» pour faire fleurir la couronne du ciel.

» Mon Père m'a bien édifié et touché, et sa maladie
» le sanctifiera de plus en plus. Les prières ne lui man-
» quent pas, et, partout dans mes œuvres, on prie beau-
» coup pour lui. Nous prions aussi pour vous, ma
» bonne Mère, afin que la volonté de Dieu soit tou-
» jours la vôtre. De mon côté, inutile de vous dire
» que, d'une façon plus particulière que jamais, je prie
» à la Messe pour mon Père, pour vous, pour Lucie et
» Julie. Ce vous doit être une bien grande consolation
» que de sentir ainsi tous les jours vos enfants réunis
» par la prière autour de Notre-Seigneur et de la
» Sainte Vierge. Le même Jésus-Christ qui entend
» votre prière, entend aussi celle de nous tous ; aussi
» ne sommes-nous pas séparés les uns des autres : les
» corps seuls le sont.

» Zoé s'en va heureuse, bien heureuse dans sa chère
» vocation. Sans doute, sa nature et sa sensibilité lui

» imposent des sacrifices ; mais comme elle est bonne
» et généreuse, ce sera une autre Marie pour le
» service des membres souffrants de JÉSUS-CHRIST.

» Pour vous, ma bonne et bien chère Mère, vous
» avez su et saurez toujours faire tout sacrifice que
» DIEU vous a demandé et vous demandera encore ;
» priez pour nous, afin que, comme vous, nous ne refu-
» sions rien à Notre-Seigneur. Bénissez-moi, bénissez
» tous vos enfants (1). »

Cependant la maladie de notre Père s'aggravait :
l'appétit avait disparu ; le gonflement s'était communi-
qué des pieds aux jambes et à la poitrine, et s'accen-
tuait de plus en plus. Prenant modèle sur la Sainte
Vierge accompagnant son divin Fils au Calvaire, notre
Mère assistait courageusement aux progrès de la
maladie et entourait notre Père, le jour et la nuit, de
toutes sortes d'attentions. Il fallait même qu'il fît des
instances pour la déterminer à aller prendre un peu
de repos pendant le jour. Malgré la douleur que lui
causait la perspective d'une mort peu éloignée,
toujours elle était calme, toujours elle avait le
visage serein. Par des paroles empreintes d'une

1. Soissons, le 26 janvier 1884.

douce gaîté, elle adressait au bien-aimé malade d'aimables reproches, le portait à Dieu, le consolait et l'encourageait dans ses souffrances; aussi aimait-il tout particulièrement à recevoir les soins de sa vertueuse épouse. Tout en renouvelant son sacrifice à chaque instant, celle-ci goûtait des joies indicibles devant le tableau consolant des vertus pratiquées par notre Père : elle admirait sa patience étonnante, sa sérénité d'âme, son abnégation profonde, sa confiance en Dieu, son esprit de prière, sa charité pour tous, sa dévotion à la Sainte Vierge et à saint Joseph et surtout son amour pour le divin-Crucifié.

Ce ne lui était pas non plus une faible consolation d'apprendre, par son fils aîné, que les Supérieurs Généraux des Petites Sœurs des Pauvres et des Filles de la Charité et Monseigneur Thibaudier, évêque de Soissons, envoyaient au cher malade et à son épouse leur bénédiction avec la promesse de leurs prières. De tous côtés, à Ivry, à Baeza, à la Tour-Saint-Joseph, à Cambrai, à Soissons, on priait pour notre Père. François disait fréquemment la Messe à son intention, et lui adressait des lettres qui étaient lues ou écoutées avec une grande émotion et un immense profit spirituel. Marie, Eugénie, Zoé et Louis députaient saint Joseph auprès de leur Père, afin qu'il veillât en leur nom à son chevet. Jean-Baptiste, Clara, Lucie et Julie, par leur dévouement, épargnaient à notre Mère le plus de fatigues possible, tandis que les absents offraient à Dieu chacune de leurs actions comme une prière ardente pour les auteurs de leurs jours.

Aux visites si nombreuses et si sympathiques que recevait son époux, notre sainte Mère trouvait qu'il en manquait une: celle du Dieu de l'Eucharistie. Que vous fûtes heureuse, ô pieuse Mère, quand, à plusieurs reprises, vous vîtes le Fils de Dieu venir en personne consoler le bien-aimé malade, lui apporter ses faveurs et lui communiquer sa force! Vous-même, ces jours-là et plus souvent encore, vous vous approchiez de la Table sainte et vous en reveniez toute radieuse, remplie d'un courage indomptable et d'une charité héroïque.

C'est sans doute ce vivifiant commerce avec la sainte Eucharistie, qui inspirait les lèvres de notre Mère le jour où, voyant son mari suivre vaillamment le royal chemin de la souffrance et faire pour elle et pour ses enfants le sacrifice de sa vie, elle lui adressa en fondant en larmes ces paroles : « Vous, vous êtes bien

» heureux : vous allez aller au Paradis. Je voudrais
» être à votre place ! » En entendant cette réflexion,
le malade répliqua vivement : « Que dites-vous là ! ce
».que le bon Dieu fait est bien fait ; il vaut mieux que
» ce soit vous qui demeuriez la dernière. Comment
» donc les choses iraient-elles dans la famille, si vous
» n'y étiez plus ! » Notre Mère, obéissant alors à une
inspiration sublime, se jette à genoux aux pieds de
notre Père et lui demande humblement pardon des
peines qu'elle lui a causées depuis trente-huit ans. Emu
jusqu'aux larmes, notre Père sut à peine répondre :
« Moi aussi, je vous demande pardon... »

Louis, envoyé du Grand Séminaire à Ghissignies,
pour y être le consolateur et l'aide de son Père mou-
rant et de sa mère brisée de fatigues, a été témoin
de cette scène émouvante.

Ce ne fut point la seule circonstance où il y eut
entre ces époux chrétiens comme un combat de générosité toute surnaturelle. Notre Mère exprimait un
jour le désir qu'Eugénie, plus rapprochée de Ghissignies que ses sœurs Marie et Zoé, vînt embrasser son
Père. Dès qu'elle sut que ce dernier, pour laisser les
trois sœurs dans une parfaite égalité, en faisait le

sacrifice, elle se rangea aussitôt à l'avis du généreux malade.

Le 12 mars, notre Père, après avoir communié en Viatique de la main de son fils aîné, recevait le sacrement d'Extrême-Onction avec de profonds sentiments de foi et de piété. Notre bonne Mère, toujours maîtresse de sa douleur, toujours remplie de courage, venait en aide au prêtre en lui ménageant la facilité de faire les onctions saintes.

La mort s'avançait à grands pas et menaçait de frapper sa victime. Le corps de notre Père, tout endolori par la souffrance, était pour notre Mère une image de Jésus crucifié : ses pieds, ses mains, démesurément gonflés, étaient livides et presque paralysés ; une soif ardente le dévorait souvent ; le siège du mal était au côté droit, et la souffrance rayonnait de là dans tout le corps ; sa figure, devenue jaunâtre, était considérablement amaigrie ; enfin la tête, penchée en avant, s'affaissait de tout son poids sur la poitrine et occasionnait de vives douleurs. A l'exemple de Jésus, notre Père avait le cœur résigné et le visage serein en face de la mort. Quant à notre Mère, comme la Sainte Vierge au pied de la Croix, elle unissait ses souffrances à celles du Rédempteur et offrait à Dieu pour notre Père tout ce qu'elle éprouvait en son cœur et en son âme.

Le Mercredi Saint, 9 avril 1884, notre bien-aimé Père s'éteignit doucement entre les bras de son épouse et de ses enfants tout en prières et en larmes. Semblable à un fruit mûr, sa belle âme s'était détachée sans effort du corps qu'elle habitait.

La famille avait perdu son chef bien-aimé, et notre Mère un époux tendrement chéri !

Chapitre Douzième.

FORCE D'AME ET CONSOLATIONS. — 1884-1885.

« PRIER et pleurer, n'est-ce pas, dit Saint Grégoire
» de Nazianze, le rôle de la mère chrétienne ? »
C'est dans la prière que notre Mère avait puisé toutes
les grâces nécessaires à l'accomplissement de sa mission auprès de ses enfants ; c'est dans la prière qu'elle
avait trouvé l'énergie de faire généreusement les plus
grands sacrifices ; c'est encore dans la prière qu'elle
sanctifiait ses larmes, lors des départs de François, de
Louis, de Marie, d'Eugénie et de Zoé et à la mort de
son époux bien-aimé.

Notre Père venait d'expirer. Notre Mère couvrit
de ses baisers son visage déjà glacé. Jean-Baptiste,
Clara, Louis, Lucie et Julie firent de même. Après
cette scène émouvante, M. le Curé (M. Dufour)
récita le *De profundis* et quelques autres prières. A
travers ses larmes, notre Mère remercia ensuite M. le
Curé des soins si assidus et si bienfaisants qu'il avait
donnés à notre Père pendant sa maladie.

Avec l'aide de ses seuls enfants, elle se mit en devoir d'ensevelir le corps de celui qu'elle pleurait. Le Vendredi Saint, dans la matinée, après un suprême embrassement, on procéda à la mise en bière. L'une de nos sœurs demanda à notre frère aîné si l'on ne ferait pas bien d'éloigner notre Mère un instant, pendant que ses enfants accompliraient eux-mêmes ce pieux devoir. François, qui connaissait la force d'âme de notre Mère, ne partagea point cet avis ; il dit aussitôt à haute voix : « Ma Mère, voulez-vous être pré- » sente, quand nous mettrons mon Père dans le » cercueil ? — Oui, mon fils, lui répondit-elle ; j'ai » fait d'autres sacrifices que celui-là. » Avec nos sœurs elle disposa les linges et l'oreiller dans la bière, et François, Jean-Baptiste et Louis y placèrent pieusement le corps de leur vénéré Père.

A trois heures de l'après-midi, heure de la mort du Sauveur, eut lieu l'enterrement. Accompagnée de deux Filles de la Charité du Quesnoy, notre Mère, le cœur brisé de douleur, suivait le cortège funèbre. Au moment où le cercueil fut mis en terre, François se trouvait à la tête de la tombe, et notre Mère à l'autre bout. Quand celle-ci vit les restes de son époux disparaître, elle tomba à genoux en s'écriant : « Jean-Baptiste! Jean-Baptiste! » Aussitôt François se rapprocha d'elle et lui dit : « Venez, ma Mère.... » Elle le suivit docilement, et il la confia aux Sœurs de Charité.

Quelques jours après, plus préoccupée de la mort que de la vie et pensant plus au ciel qu'à la terre, elle choisit, sous les yeux de son fils aîné, la place où elle souhaitait que son corps reposât : elle demandait que ce fût auprès du corps de l'époux dont elle pleurait la perte.

Les marques de sympathie ne manquèrent point à notre Mère dans ces circonstances si douloureuses. Les nombreux prêtres, venus aux funérailles de notre Père, lui tinrent un langage élevé et consolant, que dans sa foi chrétienne elle comprenait et goûtait. Des Filles de la Charité et des Petites Sœurs des Pauvres étaient à ses côtés pour la consoler au nom de Marie, d'Eugénie et de Zoé. Toute la population de Ghissignies, par son assistance aux obsèques, témoignait de sa profonde estime pour notre Père. De toutes parts arrivèrent à notre Mère de beaux témoignages de sympathie avec la promesse de prier pour le regretté défunt et pour son épouse affligée.

Parmi tous ces témoignages, les plus consolants furent

ceux qui lui vinrent de ses propres enfants : « Ma
» bonne Mère, lui écrivait François, votre sacrifice
» reste bien fait, j'en suis convaincu. La pensée de
» mon Père ne me quitte pas ; mais, en pensant à lui,
» j'éprouve une consolation indicible au souvenir de
» sa belle vie, de sa sainteté dans sa maladie et sa
» mort. M. Sudre, Supérieur du Grand Séminaire de
» Cambrai, m'écrit que la mort de mon Père est celle
» d'un prédestiné. Oui, que cette consolation de la
» maladie si édifiante de mon Père soit, pour vous et
» pour tous, bien grande. La mort de mon Père n'est
» point véritablement la mort, mais la naissance au
» ciel pour son âme. Penser à mon Père, c'est penser
» au ciel ; et lui, le Père d'une famille que tout le
» monde trouve si belle, nous attirera un à un à lui,
» pour que nous soyons sa couronne. On continue de
» bien prier pour mon Père : déjà de nombreuses
» Messes ont été dites et plus de deux cents Commu-
» nions faites pour lui (1). »

« Ce matin j'ai eu la visite de Monseigneur de
» Soissons (Mgr Thibaudier). Dans les quelques mots
» que nous avons échangés sur la maladie et la mort

---

1. Soissons, le 13 avril 1884.

» de mon Père, il m'a dit : « C'est là une mort de
» prédestiné, et ce doit être pour votre famille une
» consolation profonde. » Puis, comme je lui recom-
» mandais mon Père dans ses prières, il a ajouté : « Oh !
» déjà j'ai bien prié pour votre bon Père, et, depuis sa
» mort, j'ai dit la sainte Messe pour lui. » J'ai remercié
» Monseigneur de tout cœur (1). »

Marie, toujours remplie d'une sainte ardeur, disait à
sa Mère : « Que le bon DIEU soit béni et glorifié! Oh !
» oui, qu'il soit béni de la mort de mon Père ! Je ne
» voudrais pas être moins généreuse que ma chère
» Mère : avec elle je veux faire courageusement mon
» sacrifice et conserver un visage serein. Quoique mon
» sacrifice fût bien fait en union avec vous, j'ai dû le
» refaire en union avec la Sainte Vierge, car la nature
» voulait s'emparer de moi. Le Vendredi Saint, à trois
» heures après-midi, nous nous rendions toutes avec
» nos vieillards à la chapelle, pour y faire le Chemin
» de la Croix pour mon Père, et je me disais : « Je vais
» à l'enterrement de mon Père. » Toutes les Petites
» Sœurs prient avec grande ferveur pour le repos de
» son âme, et nos bons vieillards aussi. Demain, lundi

---

1. Soissons, le 19 avril 1884.

» de Pâques; le prêtre qui nous dit souvent la Messe, la
» célébrera pour mon Père, et j'y ferai la sainte Com-
» munion avec ma Bonne Mère et mes Petites Sœurs.

    » Ma chère Mère, mes frères et sœurs, je m'unis à
» vous tous pour offrir à Dieu toutes mes prières, mes
» sacrifices et mes actions, afin d'obtenir la délivrance
» de l'âme de notre Père, quoique j'aie la confiance
» qu'il est déjà au ciel ; car, depuis ce matin du beau
» jour de la Résurrection, je suis toute réjouie
» en pensant que le bon Jésus souffrant, à qui mon
» Père était si uni, l'aura comme ressuscité avec lui et
» l'aura admis auprès de lui dans son Paradis. Quel
» bonheur, ma chère Mère ! Oh ! consolons-nous : mon
» Père est réuni à son Dieu, déjà il contemple la Beauté
» éternelle, cette Beauté qui ravit les Saints ! Et nos
» petits anges, Jean-Baptiste et Marie, sont autour de
» lui, contents de posséder leur Père, et nous attendant
» aussi à notre tour !

    » Notre Bonne Mère me charge de vous dire qu'elle
» prend part à votre peine. Elle dit que la vie et la
» mort de notre Père sont trop belles pour le pleurer,
» et que nous devons plutôt nous réjouir. Elle prie
» beaucoup et fait beaucoup prier pour le repos de son

» âme. Je vous embrasse bien tendrement, ma chère
» Mère. Je prie le bon Jésus qu'il vous fortifie (1). »

Eugénie, calme dans sa profonde douleur, sut trouver aussi des paroles réconfortantes pour sa Mère désolée : « O chère et bien-aimée Mère, que vous
» dirai-je pour vous consoler ? La perte est si grande
» et si sensible pour vous et pour nous, qu'il n'y a de
» remède à notre douleur que dans la pensée du ciel,
» où déjà peut-être notre Père prie pour nous. Oui,
» chère Mère, espérons-le, car notre Père s'est beau-
» coup sanctifié dans sa maladie et a fait la mort d'un
» saint. Dans notre désolation, nous devons à Dieu
» de nombreuses actions de grâces pour tant de con-
» solations que nous avons goûtées dans la maladie
» et la mort si édifiantes de notre Père.

» Maintenant, chère Mère, pour l'amour de tous
» vos enfants tant présents qu'absents, épargnez-vous,
» de grâce, et laissez-vous bien soigner par Lucie et
» Julie. Dans votre affliction, chère Mère, quelle con-
» solation n'avez-vous pas dans François, si dévoué
» pour la famille; dans Jean-Baptiste et Clara, si bons
» pour vous; dans Marie et Zoé, si généreuses au ser-

1. Baeza, le 13 avril 1884.

» vice de DIEU ; dans Louis si bon et si attentif au
» bien de sa Mère, et qui bientôt réalisera le désir de
» notre Père en devenant un bon Prêtre ; enfin dans
» vos chères enfants Lucie et Julie : leur rôle auprès
» de notre Père était pour nous digne d'envie, et celui
» qu'elles remplissent actuellement auprès de vous ne
» l'est pas moins. O chère Mère, je prie beaucoup pour
» mon Père, quoique je croie qu'il est maintenant au ciel.

» Ma Sœur Supérieure a daigné faire dire deux
» Messes pour mon Père, et j'ai eu la consolation d'y
» assister. Toutes les Sœurs ont prié pour le repos de
» son âme. Bonne Mère, tout en priant pour mon
» Père, je n'ai garde de vous oublier. Oh ! non ; je sens
» par moi-même combien votre cœur fut déchiré de
» cette séparation, et je ne me lasse pas de prier pour
» vous, afin que DIEU essuie lui-même vos larmes et
» vous comble de ses plus douces consolations (1). »

Zoé écrivait de la Tour-Saint-Joseph : « Chers
» Parents, je viens m'unir à votre douleur. Notre
» Père est mort ! cette pensée me fait répandre
» d'abondantes larmes. Je voudrais être près de vous
» tous pour pleurer avec vous notre si bon Père ! Je

1. Ivry, le 20 avril 1884.

» ne le reverrai jamais plus ! mais il faut se résigner à
» la volonté de DIEU... Ce qui est consolant pour nous
» tous, c'est que notre Père est mort en de saintes
» dispositions... Ma Mère, vous êtes, comme en toutes
» circonstances, bien généreuse. Le bon DIEU vous
» éprouve grandement, mais vous serez grandement
» récompensée dans le Paradis... Lundi, c'est l'anniver-
» saire de notre Première Communion à tous : prions
» beaucoup pour l'âme de notre Père. Je vous deman-
» derai de prier aussi pour moi : j'ai besoin du secours
» de DIEU pour supporter ce coup... Il est des moments
» où je ne peux croire que mon Père est mort, il me
» semble que ce n'est pas possible...! Notre Supérieure
» Générale m'a appelée hier pour me consoler : elle
» m'a dit que notre Supérieur dirait la Messe pour le
» repos de l'âme de mon Père, et que je pourrais y assis-
» ter et communier. Quelle bonté !.. Je finis, ma bonne
» Mère, en priant saint Joseph de vouloir bien vous con-
» soler dans le sacrifice que DIEU vous a demandé (1).»

Dès qu'il fut rentré au Grand Séminaire, Louis adressa la lettre suivante à sa Mère et à ses sœurs Lucie et Julie : « Je bénis la divine Providence, qui

1. La Tour-Saint-Joseph, avril 1884.

» m'a permis de passer avec vous cinq semaines auprès
» de notre bien-aimé et regretté Père. J'aurais voulu
» rester encore quelques jours à Ghissignies, pour vous
» consoler et partager vos peines; mais avec notre bon
» Père je dirai : « Ce que le bon DIEU fait est bien fait. »
» D'ailleurs ce que je ne puis faire par ma présence,
» je le fais par mes prières : au bréviaire, comme à la
» sainte Table et dans mes autres exercices, votre
» souvenir et celui de mon Père m'accompagnent
» suavement, et je demande à DIEU de remplir vos
» cœurs de ses consolations les plus douces; je le
» supplie d'introduire promptement l'âme de notre
» Père au ciel, si déjà elle n'est inondée des délices
» éternelles... Bien chère Mère, bien chères sœurs
» Lucie et Julie, quand la pensée de notre perte si gran-
» de tend à m'attrister, je me rappelle aussitôt la séré-
» nité de mon Père, ses vertus si belles, sa mort si sainte
» et si digne d'envie, et je m'écrie : Non, mon DIEU, il ne
» serait point juste de m'attrister quand je sais que vous
» avez fait à celui que j'aime la grâce des grâces, la grâce
» de la persévérance finale ! Soyez à jamais béni (1) ! »

A toutes ces lettres remplies d'une affection si vraie,

---

1. Cambrai, le 20 avril 1884.

d'une compassion si sincère, de paroles si chrétiennes et si consolatrices, notre Mère fit une réponse empreinte de résignation et de générosité toutes surnaturelles. Zoé, pour qui la mort de notre Père avait été un sacrifice tout particulièrement sensible, fut consolée et fortifiée par les paroles de foi de sa vaillante Mère. Rompue depuis longtemps à tous les sacrifices, celle-ci tenait à François le langage suivant : « Mon » bien-aimé Fils, comme toi, j'ai la confiance que ton » Père intercède pour nous. Il était pour moi un père ; » je ne l'ai plus ! c'est la volonté de Dieu : je m'y sou- » mets. Prie pour moi, car j'en ai besoin ; souvent je » dois renouveler mon sacrifice... Un bonheur pour » nous tous, c'est que Louis sera bientôt prêtre (1). » « Oui, cher enfant, je dis, comme toi, que ton Père » est heureux. Son souvenir ne me quitte pas. J'offre » mes peines à Dieu et je tâche toujours d'être gaie. » Je soumets ma volonté à celle de Dieu, et tout mon » désir est d'aller un jour rejoindre ton Père et d'être » réunis tous au ciel (2). »

Ce que notre frère aîné fut pour notre Père dans sa

---

1. Ghissignies, mai 1884.
2. Ghissignies, juin 1884.

maladie, il le fut pour notre Mère dans sa viduité : il avait élevé le premier à une haute perfection ; il poussa la seconde non seulement à la générosité dans le sacrifice, mais à la joie dans l'immolation. Docile aux sublimes leçons que son fils lui inculquait par des lettres admirables, elle éprouvait dans son cœur des ascensions qui la détachaient de la terre et la rapprochaient du ciel. Sans doute, l'absence de son cher époux laissait un vide immense dans la famille ; mais la pensée qu'il était parti de ce monde tout heureux de voir tous ses enfants dans la bonne voie, lui était une indicible consolation. En outre, elle aimait assez celui qu'elle avait perdu, pour faire le sacrifice de sa présence en considération de la félicité dont il jouissait là-haut, après une vie si bien remplie et une maladie si bien sanctifiée. Dieu lui eût proposé de lui rendre son époux, qu'elle lui eût répondu : « Non, mon Dieu, qu'il reste heu-
» reux auprès de vous. Faites-nous seulement la grâce
» d'imiter ses vertus et d'aller tous un jour le rejoindre! »

Elle bannissait la tristesse qui étreint et resserre le cœur. Elle chassait la mélancolie dans laquelle on est exposé à tomber en face de tout ce qui rappelle une personne aimée ; et au lieu de s'écrier : « Il n'est plus

» là, » elle disait : « Il est au ciel ' » Il lui semblait alors le voir dans le sein de Dieu, souriant aux siens, priant pour eux et les bénissant ; et elle éprouvait le besoin de remercier Dieu des faveurs signalées qu'il avait versées à profusion sur son époux avant son départ de cette terre. De cette reconnaissance naissait une secrète joie qui inondait son cœur et épanouissait son âme. Animée de tels sentiments, notre Mère donnait à tous l'exemple de la générosité, de la fermeté, de la résignation chrétiennes ; et elle était la première à nourrir une douce gaîté dans la famille.

La vraie générosité du cœur dans le sacrifice est toujours accompagnée d'une consolation intime qui est déjà une récompense. Dieu voulut accorder davantage à notre courageuse Mère. Deux mois après la mort du chef de la famille, Louis adressait à sa Mère et à ses sœurs la lettre suivante : « M. le Supérieur m'ap-
» pelle à la prêtrise ! Quel bonheur, bien chère Mère
» et bien chères sœurs ! Devenir prêtre ! dire tous les
» jours la sainte Messe, offrir à Dieu l'adorable Vic-
» time pour le repos de l'âme de celui que nous pleu-
» rons et pour ma Mère, mes frères et sœurs ! Mais
» d'autre part, quel sujet de confusion : moi si pauvre,

» alors qu'il faudrait avoir tant de vertus ! Merci des
» prières que vous faites pour moi ; je compte sur vos
» instances auprès de DIEU (1). » — « La pensée que
» bientôt je dirai la sainte Messe ne me quitte pas !...
» Pendant la Messe même de l'ordination, je deman-
» derai à DIEU de bénir et de consoler ceux qui me
» sont chers (2). »

Le 29 juin 1884, jour de la fête des SS. Apôtres
Pierre et Paul, une femme vêtue de noir était en prière
dans la chapelle du Grand Séminaire de Cambrai, et, à
quelque distance, un prêtre avait pris place dans le
sanctuaire. Quelques instants après, cette femme apercevait au milieu des ordinands son plus jeune fils, que
DIEU appelait à l'honneur du sacerdoce. Cette femme,
c'était notre Mère ; ce prêtre, notre frère aîné : ils étaient
venus tous deux à Cambrai pour y assister à l'ordination de Louis. Des larmes de bonheur et de joie
coulaient des yeux de notre Mère, pendant qu'elle suivait avec une pieuse avidité tous les rites sacrés et tous
les mouvements de l'élu du Seigneur. Quelle ne fut pas
son émotion, quand elle vit son enfant prosterné sur le

1. Cambrai, le 15 juin 1884.
2. Cambrai, le 22 juin 1884.

pavé du sanctuaire et s'offrant à Dieu comme une victime immolée à sa gloire; quand il reçut l'imposition des mains du Pontife et de son frère prêtre; quand il fut revêtu de la chasuble, robe sacerdotale symbolisant l'ardeur de la charité; quand il reçut l'onction sainte qui consacrait ses mains; quand lui fut conféré le pouvoir redoutable d'offrir à Dieu l'auguste sacrifice de la Messe pour les vivants et pour les morts; quand elle le contempla célébrant les saints Mystères avec le Pontife; quand enfin elle entendit l'Evêque lui adresser ces paroles : « Recevez le Saint-» Esprit : les péchés seront remis à ceux à qui vous » les remettrez; et ils seront retenus à ceux à qui » vous les retiendrez ! »

L'honneur sublime auquel Dieu élevait son fils, la libéralité plus que paternelle avec laquelle il le traitait, étaient pour notre Mère la plus suave des consolations. Sans doute, son époux bien-aimé n'était plus sur la terre pour y contempler ce spectacle avec les yeux du corps ; mais elle se réjouissait à la pensée qu'il en était témoin du haut du ciel, et que, par son intercession, il rendait plus abondantes encore les grâces qui tombaient sur la tête de l'oint du Seigneur ! Tous deux pouvaient désormais adresser à leur enfant cette parole : « Tu es prêtre pour l'éternité ! »

Après l'ordination, notre pieuse Mère, entourée de François, de Lucie, de Julie, de Clara et des parents ou amis de la famille, se jetait aux genoux de Louis pour recevoir sa première bénédiction. Le lendemain, le jeune prêtre, assisté de son frère aîné, célébrait les saints Mystères pour l'âme de son Père et pour la consolation de sa Mère ; et, d'une main tremblante, il déposait le pain des forts sur les lèvres de celle dont il avait reçu le jour et d'innombrables bienfaits. Qu'elle est merveilleuse la dignité du sacerdoce, qui élève ainsi les enfants au-dessus de leurs parents et en fait les dispensateurs des grâces divines !

Notre Mère ne voulut point quitter Cambrai sans saluer le digne et vénéré M. Sudre, Supérieur du Grand Séminaire : elle le remercia de tous les soins qu'il avait prodigués à Louis pendant ses études, et de la grande bienveillance avec laquelle il lui avait permis de les interrompre pour aller consoler son Père malade.

Quelques jours plus tard, François envoyait à notre Mère un magnifique portrait de notre Père, dessiné au crayon par une main vraiment artistique. Ce présent, qui réjouit beaucoup notre Mère, fut placé non loin du crucifix dans la salle principale de la maison : ne convenait-il pas que l'image du disciple fût à côté de celle du Maître ?

Ce portrait n'était que l'image du corps du défunt ; notre frère aîné, toujours soucieux du bonheur de sa Mère et du bien de la famille, résolut de tracer l'image de l'âme, c'est-à-dire de faire le récit de la vie et des vertus de notre Père. Il travailla à ce livre avec un courage qui n'avait d'égal que son talent admirablement inspiré par la piété filiale. En venant à la Messe anniversaire qu'on devait célébrer pour le repos de l'âme de notre Père, il apporta son travail à Ghissignies et l'offrit à notre Mère. Celle-ci le reçut avec des larmes de reconnaissance : elle y trouva la peinture fidèle et vivante des vertus de celui avec qui elle avait longtemps prié, travaillé et souffert. Ce livre est un superbe manuscrit de quatre cents pages, richement relié en maroquin noir et en soie violette, aux tranches argentées, aux pages agréablement encadrées ; on y admire çà et là des dessins dus à la plume délicate d'un ami de François : ici, c'est la chaumière des aïeux paternels ; là, c'est la maison natale de notre Mère avec son riant verger ; plus loin, c'est la vieille ou la nouvelle église de Ghissignies ; ailleurs, ce sont des chiffres habilement exécutés. Mentionnons celui de ces chiffres qui fait allusion à notre Mère : sur un mur, dont les pierres sont disposées en forme d'L, s'attache un rosier dont les branches prennent gracieusement la forme d'un B (Lobry-Boulogne) ; cet arrangement de lettres est du meilleur goût.

Que d'instants délicieux notre Mère a passés dans la lecture et la contemplation de ce livre, où elle allait puiser un nouveau courage pour continuer son pèlerinage ici-bas !

Quelques jours après le passage de François dans la famille, notre Mère lui adressa ces lignes : « Mon » bien-aimé Fils, je te remercie d'être venu à l'anni- » versaire de ton Père. Je te suis aussi fort reconnais- » sante de ton beau livre : tout y est si bien rapporté, » grâce à ton labeur et à ton courage. Adresse mes » remerciements à M. Droitecourt qui l'a fait si bien » relier, à celui qui y a tracé de si beaux dessins, et à » tous ceux qui ont contribué à ce travail.

» Tout s'est bien passé ces jours-là : notre cher

» défunt aura dû contempler avec satisfaction ses en-
» fants réunis de corps et d'esprit.

» Prie pour moi, cher enfant, et pour tous, car tu es le
» chef de la famille. Envoie-nous ta bénédiction (1). »

Cependant Zoé travaillait avec ardeur à sa forma-
tion religieuse. Dès son arrivée à la Tour, elle avait
reçu un nom bien doux au cœur de notre Mère : elle
fut appelée *Sœur Marie-Elisabeth de Saint-Jean* :
Marie rappelait le nom de notre Mère; *Elisabeth*, celui
de notre sœur aînée (en religion) ; *Jean*, celui de notre
Père. Presque en même temps que Louis était ordonné
prêtre, Zoé avait la joie de recevoir l'habit des Petites
Sœurs des Pauvres ; un an et demi plus tard, elle était
sur le point de faire les saints vœux. A cette occasion,
François écrivit à notre Mère qu'il était invité par le Supérieur Général de la Tour à présider la cérémonie des
vœux de Zoé, le 8 décembre, et que M. Fiat, son Supérieur Général, lui permettait d'accepter cette invitation.

Notre Mère souhaitait vivement d'assister à la profession de Zoé comme elle avait assisté à celle de
Marie. Mais l'âge, les rigueurs de l'hiver, la longueur
du voyage et les sages avis de François l'en dissua-

---

1. Ghissignies, le 18 avril 1885.

dèrent. Elle adressa à ce dernier la lettre qui suit :
« Mon cher Fils, je sais que tu remplaces ton Père :
» s'il m'avait dit, lors des vœux de Marie, de ne
» pas aller à la Tour, j'aurais obéi ; aujourd'hui, j'en
» fais de même, mais mon sacrifice n'est pas moins
» grand. J'espère que le bon Dieu m'en tiendra compte.

» Je te souhaite un bon voyage. Tu diras à Zoé
» que j'aurais assisté bien volontiers à ses vœux, que
» je suis heureuse de son bonheur et que je l'embrasse
» de tout mon cœur de Mère. Ce jour-là, si Dieu le
» permet, je ferai la sainte Communion pour elle.

» Tu auras la bonté de nous écrire ton voyage et
» de nous dire où Zoé est placée (1). »

Notre Mère fit donc généreusement son sacrifice,
en se réjouissant de ce qu'elle serait représentée à la
Tour par son fils aîné. Tandis que par la pensée elle
s'unissait au bonheur qu'éprouvait sa fille de se consacrer à Dieu par les saints vœux (8 décembre 1885),
elle apprit tout à coup que Zoé était désignée pour la
Maison des Petites Sœurs de Rome. Sur le conseil
de François, elle se dispose aussitôt à partir pour
Paris, accompagnée de sa fidèle amie, notre chère

---

1. Ghissignies, premiers jours de décembre 1885.

cousine Lucie. Là, elle trouve Zoé encore tout embaumée du parfum de sa récente consécration à Dieu. L'entrevue fut courte, mais remplie d'une calme et joyeuse résignation aux desseins de Dieu : pas une larme ne fut versée. Notre Mère était heureuse de voir sa fille contente dans sa vocation et remplie d'une angélique piété.

« La pensée que mon Père venait de mourir, ra-
» conte Zoé, m'était bien sensible, et je ne me sen-
» tais pas le courage d'en parler à notre Mère. Je
» lui dis seulement : « Ma Mère, je souhaiterais un
» entretien sur mon Père, mais comment faire ? » Aus-
» sitôt elle comprit et s'empressa de me répondre :
« Non, n'en parlons pas : toutes les deux nous allons
» fondre en larmes. Eh bien ! faisons-en le sacrifice.
» Mon Père, espérons-le, est au ciel : il y prie pour
» nous et nous y prépare une place. »

C'est avec le sourire aux lèvres que notre courageuse Mère quitta sa fille, emportant la douce convic-
tion que cette enfant bénie ferait une bonne et sainte Petite Sœur des Pauvres, et lui disant : « Au revoir, au ciel ! »

Chapitre Treizième.

ESPRIT DE FOI.

NOTRE Mère excellait à faire usage de la foi dans le gouvernement de sa vie. Aussi avait-elle une grande élévation de vue dans ses pensées et dans ses desseins, une parfaite noblesse dans ses sentiments. Grâce à l'esprit de foi qui l'inspirait, son âme dominait les choses périssables de la terre ; elle dédaignait les béatitudes du monde et leur préférait celles de l'Evangile, qui sont les seules véritables ; sa vie entière était surnaturelle, et ses moindres actions méritoires ; en tout et partout, sa conduite était, si l'on peut ainsi parler, la sainteté en action.

Les difficultés et les ennuis de chaque jour, aussi bien que les grandes épreuves, elle les envisageait à la lumière de la foi : de la sorte, elle y découvrait toujours quelque bon côté, une marque d'attention de la part de la Providence, une occasion de pratiquer la douceur et la patience.

Elle aimait tendrement son unique frère, Jean-Baptiste, jeune homme doué d'un cœur bon et noble et d'une belle intelligence agrandie encore par un goût naturel pour l'étude. Lorsqu'il dut partir comme soldat, il obtint en peu de temps le grade de sous-officier. Il était à la veille de recevoir son congé, quand, après un exercice fatigant qu'il fit avec ses hommes, il but imprudemment de l'eau fraîche et fut pris d'un refroidissement qui l'emporta en quelques jours. Pendant que notre grand-père (Papa Boulogne) était allé à la rencontre de son fils, car son retour était annoncé, notre Mère, qui se trouvait seule à la maison, reçut la notification de cette mort imprévue. A cette nouvelle, le deuil fut grand dans la famille, et longtemps on pleura le fils et le frère mort loin du foyer natal. Il avait été soldat à Saint-Malo, puis à Brest. C'est dans cette dernière ville qu'il mourut âgé de vingt-huit ans, pendant le mois d'octobre 1843.

Notre Mère déplora amèrement la mort de ce frère dont le souvenir lui resta toujours particulièrement cher. Cependant l'esprit de foi, qui était pour elle comme un phare lumineux, lui fit voir dans ce douloureux malheur une bénédiction du Ciel ; elle savait que notre oncle Jean-Baptiste nourrissait le projet de suivre, après le service militaire, les traces aventureuses de son beau-frère ; et elle craignait qu'en cherchant la fortune et le bonheur, le jeune homme ne compromît ses intérêts éternels.

Quand, quelques années plus tard, notre Mère embrassa l'état du mariage, elle en pesa mûrement et elle en accepta religieusement tous les devoirs. Par de ferventes prières, elle demandait à DIEU pour ses enfants, dès avant leur naissance, la grâce du saint Baptême ; elle n'avait garde, après leur avoir donné le jour, d'invoquer des motifs plus spécieux que chrétiens, pour leur différer ce grand bienfait : tous ont été baptisés le jour ou le lendemain de leur naissance. Elle voulut aussi placer ses filles sous la protection spéciale de la Très Sainte Vierge, en leur donnant à toutes le nom de Marie ; l'aînée seule cependant fut appelée habituellement de ce nom.

Dans ses enfants, ce qu'elle estimait le plus précieux, c'était leur âme ; aussi, tout en s'efforçant de leur procurer les biens du corps, le meilleur de ses soins était pour l'âme, qui est créée à l'image de DIEU. C'est en regardant le ciel qu'elle entourait ses enfants de tendresse et de sollicitude, et, quand elle portait sa pensée vers leur avenir, ce qu'elle désirait avant tout pour eux, c'était moins une carrière lucrative et brillante, qu'un état de vie où la foi et la vertu ne fussent point en danger. Aussi qui pourra dire combien elle pria pour ses enfants, combien de sacrifices elle offrit à Dieu pour leur salut éternel !

Sachant que Jésus-Christ aime et bénit les familles où le culte de son Sacré Cœur est en honneur, elle avait dans sa maison, appendue à la muraille, l'image de ce Cœur adorable, et se plaisait à la vénérer. Bien plus, elle consacra sa famille tout entière au Sacré Cœur, croyant, à juste titre, qu'elle ne pouvait la confier à un plus puissant gardien, ni à un dépositaire plus fidèle. Quant aux intérêts matériels de tous les siens, c'est à saint Joseph, patron de sa famille, qu'elle les recommandait ; et elle n'eut jamais qu'à se féliciter de sa confiance en ce grand et aimable Protecteur.

Les vocations de ses enfants, la prévision de leur éloignement du foyer natal, ont été pour elles l'occasion de luttes héroïques entre son cœur de mère et son âme de chrétienne. Mais toujours la grâce l'emportait sur la nature, et c'est avec une générosité qui rappelle les Félicité et les Symphrorose exhortant leurs enfants à souffrir le martyre, qu'elle disait en étouffant en elle-même les cris de la chair et du sang : « Mon fils, ma fille, puisque Dieu vous appelle, quit- » tez tout pour suivre Jésus-Christ ! Courage ! ne » restez pas en arrière ! »

Elle regardait comme un bienfait de Dieu la vocation de ses enfants, et, docile aux inspirations de son fils aîné, dans ses Communions elle disait à Jésus-Christ reposant sur son cœur : « O Jésus, ce sera » pour quand vous le voudrez ; oui, je vous fais le sacri- » fice de mes enfants. Personne ne pourra mieux que » vous me les rendre au ciel ! » Oh ! comme en retour de cette générosité le divin Cœur de Jésus s'ouvrait avec complaisance pour la combler de ses faveurs et de ses consolations !

La grâce divine ne détruit pas, mais dompte et ennoblit la nature. C'est pourquoi notre Mère, tout en faisant le sacrifice de ses enfants, les aimait d'un amour plus élevé, plus pur et partant plus véhément. Elle portait leur souvenir dans ses prières, dans ses Communions, dans ses sacrifices et jusque dans ses occupations ordinaires.

Son rendez-vous de tous les jours avec François,

qui le premier avait quitté la famille, c'était le divin
Cœur de Jésus, et c'est en l'embrassant dans cet asile
béni qu'elle terminait toutes les lettres qu'elle lui adressait. Afin de le suivre de plus près par la pensée, elle
réclamait de lui le détail de ses journées au Séminaire
et au Noviciat. Quand il eut été ordonné prêtre, elle
voulut chaque jour s'unir par la prière à la Messe
qu'il célébrait : elle disait à ceux de ses enfants qui
étaient encore auprès d'elle : « Dès quatre heures et
» demie, je ne puis plus dormir, car je sens que c'est
» l'heure où François dit sa Messe. » Quand son fils
aîné fut envoyé à Constantinople, elle s'empressa de
lui demander l'heure à laquelle il montait au saint
autel. François, pour satisfaire pleinement le désir de
sa Mère, lui répondit : « Je dis ma Messe chaque jour
» à sept heures ; mais comme nous voyons ici le soleil
» une heure et demie avant que vous le voyiez à Ghis-
» signies, il s'ensuit que sept heures à Constantinople
» correspond à cinq heures et demie à Ghissignies (1). »
Cette assistance spirituelle à la Messe de son fils
aîné, elle y fut fidèle jusqu'à la fin de ses jours.

C'est aux grandes vacances de l'année 1886, que

1. Constantinople, le 10 décembre 1886.

notre frère François fut envoyé dans la capitale de la Turquie, avec le titre de Supérieur de la Maison Saint-Benoît et les fonctions de Visiteur de la Province de Constantinople et de Préfet apostolique des missions du Levant. Voici en quels termes il annonçait cette nouvelle à sa bien-aimée Mère :

« Avant de quitter Paris, je vous écris quelques
» lignes. Je ne puis m'arrêter à Rome comme je l'avais
» pensé et vous l'avais dit. Mes Supérieurs m'envoient
» remplir une mission à Constantinople ; c'est une mis-
» sion de confiance, et je demande vos prières, ma
» bonne Mère, afin que j'agisse bien dans les vues de
» Monsieur le Supérieur Général. J'emmène M. Droi-
» tecourt avec moi, et nous allons d'abord à Montpel-
» lier. Nous partons ce soir mercredi, et demain à
» midi nous dînerons à Montpellier. De là, nous nous
» rendrons à Marseille pour prendre le bateau à vapeur.
» Je vous écrirai du bateau et vous donnerai de mes
» nouvelles jusqu'au moment de mon arrivée à Cons-
» tantinople.

» Je compte sur vos prières, afin que notre voyage
» soit bon et que je fasse bien l'œuvre de Dieu.

» Le sacrifice de quitter Soissons m'a été pénible ;

» mais avec moi vous le ferez bien, ma bonne Mère,
» afin que ces sacrifices bien faits nous attirent les
» bénédictions de Dieu.

» Vous verrez bientôt M. Planson à Ghissignies ; il
» vous donnera de mes nouvelles (1). »

Le départ de François en Orient, fut pour notre
Mère un nouveau sacrifice. Déjà Marie était au fond
de l'Espagne et Zoé à Rome ; et voilà que notre frère
aîné, qui, pendant son séjour à Soissons, avait été son
meilleur consolateur dans les rudes épreuves qu'elle
avait traversées, et qui de temps en temps venait la
visiter à Ghissignies avec ses chers collègues, MM.
Droitecourt, Planson, Meurisse, Delteil, etc., partait
pour un pays plus lointain encore que l'Italie et l'Espagne. Ce nonobstant, elle se montra généreuse et
bénit Dieu de ce que son fils était jugé digne de remplir une mission d'une particulière importance. Elle
lui répondit donc :

« Cher enfant, j'ai fait mon sacrifice ; que la sainte
» volonté de Dieu soit faite et non la mienne. Je dois
» le renouveler bien souvent ; j'espère que le bon
» Dieu m'en tiendra compte, tout indigne que j'en suis.

____

1. Paris, septembre 1886.

» Merci de ta première lettre. Depuis ton départ, je
» t'ai suivi partout en esprit : j'ai pris part à la dou-
» leur que tu as éprouvée en quittant Saint-Léger ;
» je t'ai accompagné à Paris, à Montpellier, à Mar-
» seille et surtout sur la mer. Je me disais : Ils sont
» bien malades sur mer, ces pauvres enfants !

» J'ai appris avec peine, par M. Planson, que M.
» Droitecourt n'était pas désigné comme toi pour
» Constantinople. Quand tu lui écriras à Salonique,
» présente-lui mon respect et dis-lui que je ne l'oublie
» pas dans mes prières.

» Bon courage, cher enfant, dans ta nouvelle posi-
» tion. C'est Dieu qui l'a voulu : que son saint nom
» soit béni ! Je prie pour toi et pour tes confrères de
» Soissons : que le bon Dieu vous dédommage tous
» du sacrifice de la séparation (1). »

Désormais notre Mère se plaira à accompagner son
fils par la pensée dans ses courses apostoliques en
Orient, et à lui prêter plus que jamais le concours de
ses prières. Les souhaits qu'elle lui adressait chaque
année à l'occasion de la Saint-François ou du nouvel
an, en font foi : « Mon bien-aimé Fils, merci de ta

---

1. Ghissignies, le 13 octobre 1886.

» dernière lettre ou plutôt de tes lettres : elles m'ont
» fait grand plaisir. Que saint François-Xavier, ton glo-
» rieux Patron, t'obtienne toutes les grâces dont tu as
» besoin pour bien remplir la mission qui t'est confiée :
» j'ai la confiance qu'il intercédera pour toi, car il sera
» bien supplié. Je demande à Dieu, chaque jour, qu'il
» t'accorde tout ce qui t'est nécessaire (1). »

« Merci de tes bons souhaits : je sais qu'ils viennent
» du cœur aimant de mon premier-né. C'est toujours
» avec plaisir qu'on voit arriver une lettre de Galata.
» Je te souhaite une bonne et sainte année. Que Dieu
» te donne force et courage : je le prie tous les jours
» à cette intention. Je prie aussi pour M. Droitecourt
» et pour tes confrères de Soissons : ils ont part au
» chapelet que je récite chaque jour pour ma famille (2). »

« Je suis heureuse de voir arriver la Saint-François-
» Xavier, pour te présenter mes vœux de bonne fête.
» Je te souhaite la réussite dans toutes tes œuvres et
» une bonne santé. Je prie ton saint Patron qu'il inter-
» cède pour toi auprès de Dieu. Comme d'habitude,
» je ferai, ce jour-là, la sainte Communion pour toi et

1. Ghissignies, 30 novembre 1886.
2. Ghissignies, le 5 janvier 1887.

Une mère chrétienne.

» tes œuvres. Ma pensée se reporte souvent vers
» Constantinople (1). »

« Je viens te souhaiter une bonne fête. Que ton
» saint Patron écoute mes prières, et il t'aidera du
» haut du ciel par son crédit auprès de Dieu. Tout
» ce que nous faisons, c'est pour Dieu seul : courage
» donc dans ta grande charge ! Dieu t'accordera son
» assistance. Lundi, si Dieu le permet, je ferai la sainte
» Communion pour toi, et je prierai saint François-
» Xavier de t'aider dans tes travaux et de te protéger
» dans tes voyages (2). »

Notre pieuse Mère voulait que son union surnaturelle avec ses enfants fût de tous les jours et presque de
tous les instants : « Je réclame, disait-elle à François,
» pour moi et pour la famille, ta bénédiction chaque
» matin, comme tu le faisais à Soissons, et aussi à la
» réception de nos lettres (3). » A son réveil, elle faisait avec joie le signe de la croix, en pensant que son
fils aîné lui envoyait sa bénédiction. Quelques instants plus tard, ses deux fils prêtres, qui regardaient
comme un devoir de répondre au désir fréquemment

1. Ghissignies, fin de novembre 1887.
2. Ghissignies, le 28 novembre 1888.
3. Ghissignies, 13 octobre 1886.

exprimé par leur Mère, priaient pour elle et pour la famille au *memento* de la Messe. Le soir, c'était Louis qui avait la mission de bénir, de loin comme de près, toute la famille. De son côté, notre vénérée Mère bénissait tous ses enfants et le matin, et le soir.

« Mon plus grand bonheur, disait notre Mère, c'est
» de prier pour mes enfants et de penser à eux devant
» Dieu (1). » On a pu, en effet, remarquer plus haut que notre Mère récitait quotidiennement un chapelet pour sa famille. Depuis le départ de François à Constantinople, à ce tribut d'amour qu'elle payait à ses enfants, elle ajouta une dizaine de chapelet pour son fils aîné, pour Louis et pour M. Droitecourt.

Merci, ô Mère bien-aimée, de vos prières ardentes ! Elles ont été la chaîne d'or qui nous rattachait suavement à vous malgré les distances, et le canal conducteur qui nous apportait les grâces de Dieu. Si vos enfants font quelque bien là où ils passent, c'est à vos prières qu'ils le doivent !

Un an et demi avant que François partît de Soissons, Eugénie était à la veille de quitter l'Hôpital des Incurables d'Ivry. Chassée bientôt du grabat des

---

1. Lettre à François. Ghiss., le 6 janv. 1886.

pauvres en haine de Jésus-Christ, où serait-elle envoyée? A l'étranger peut-être. Notre Mère, qui connaissait les secrètes aspirations de sa fille, écrivait à François : « Je crains qu'Eugénie ne s'éloigne de » nous ; mais elle est toute résignée à la volonté de » Dieu. Marie est toujours la plus heureuse du monde, » et Zoé est contente aussi. Je rends grâces à Dieu de » m'avoir donné de telles enfants : je n'en suis pas » digne (1). » Quelques jours après (en Février 1885), la laïcisation avait lieu. C'était un triomphe pour les sectaires, un deuil pour les infortunés malades de cette grande maison, un serrement de cœur pour les Filles de la Charité contraintes de laisser leurs pauvres infirmes entre des mains mercenaires. En apprenant cette iniquité, dont sa fille était l'une des victimes, notre Mère se ressouvint des paroles du Sauveur : « Si le monde vous hait, sachez qu'il m'a haï avant » vous... Le serviteur n'est pas au-dessus de son » maître. S'ils m'ont persécuté, ils vous persécute- » ront aussi. Vous pleurerez, tandis que le monde se ré- » jouira, mais votre tristesse se convertira en joie (2). »

---

1. Ghissignies. Janvier 1885.
2. S. Joan., XV et XVI.

La Sœur Vincent fut placée à l'Hôpital Général d'Abbeville.

Unie à ses enfants par une foi vive, notre Mère n'était pas moins unie à son mari, avec qui elle n'avait jamais formé, depuis leur alliance, qu'un cœur et qu'une âme. A la mort de son époux, cette union se continua en Dieu par l'esprit et le cœur : « J'ai la » confiance qu'il est au ciel et qu'il y prie pour nous. » Du haut du ciel, il veille sur nous. Nous irons l'y » rejoindre. » Telle était sa manière d'en parler. Aussi la famille avait-elle conservé l'esprit et les traditions que son vénérable chef y avait implantés. A la réception du portrait de ce dernier, notre Mère écrivait à François : « Je viens te remercier de ta sollicitude » pour nous et pour la mémoire de ton Père. Le por-» trait du cher défunt est bien réussi ; nous l'avons » suspendu à la cheminée : le maître de la famille est » là, au moins pour présider ; que tout se fasse comme » il le voulait (1). »

L'obéissance lui était un joug tellement agréable, que loin de la fuir, elle la recherchait. Elle disait à François peu de temps après la mort de notre Père : « Je

____

1. Ghissignies, juillet 1884.

» te remercie de tes bons conseils et de ton indul-
» gence envers moi qui ne la mérite pas. A mes yeux,
» tu remplaces ton Père, et je suis prête à t'obéir (1). »
Et, de vrai, elle ne prenait aucune décision importante,
sans s'être assurée du sentiment et avoir pris les conseils de François, qu'elle regardait comme le dépositaire de l'autorité paternelle dans la famille.

Il nous reste à parler d'une autre manifestation de
l'esprit de foi qui animait notre Mère, c'est-à-dire de
son respect profond pour le prêtre. Le caractère sacer-
dotal, qui fait, des ministres de DIEU, des hommes
investis de pouvoirs sublimes et les continuateurs de
l'œuvre de JÉSUS-CHRIST ici-bas, voilà ce qui la frap-
pait surtout en eux, quelles que fussent d'ailleurs leurs
qualités personnelles. Pour elle, la bénédiction d'un
prêtre était plus précieuse qu'un trésor : elle s'age-
nouillait respectueusement sous la main bénissante du
pasteur de la paroisse ou des autres prêtres qui hono-
raient sa famille de leur visite. Quand ses fils, François
et Louis, étaient auprès d'elle, bien qu'ils fussent
toujours les enfants bien-aimés de son cœur, elle voyait
en eux d'autres JÉSUS-CHRISTS ; et elle les traitait en

1. Ghissignies. Lettre à François, janvier 1885.

prêtres dans ses paroles, à table et partout : ils étaient confus de la voir chaque matin, chaque soir et au moment de leur départ, se jeter à leurs pieds pour implorer leur bénédiction. Ce qui est plus admirable encore, c'est que son respect pour eux était mêlé d'une confiance vraiment surnaturelle ; c'est ainsi qu'elle aimait à demander à François des avis pour la direction de son âme, et qu'on la vit même s'ouvrir à Louis au saint Tribunal de la Pénitence.

La conviction profonde que notre vertueuse Mère avait des vérités de la religion, lui en faisait porter partout avec elle l'impression salutaire ; l'esprit de Jésus-Christ circulait dans ses pensées, dans ses paroles, dans ses affections, et sa foi vive faisait fréquemment jaillir de ses lèvres ou de sa plume le mot suivant qu'elle avait pris pour devise : « Que le saint nom de Dieu soit béni ! »

Chap. Quatorzième.

LES DÉLICES QU'ELLE GOUTE DANS SA SOLITUDE. — 1884-1891.

DANS son infinie bonté, DIEU ne voulut pas que notre généreuse Mère passât les années de sa vieillesse dans la séparation complète de ses enfants. Il laissa à ses côtés deux anges gardiens visibles, Lucie et Julie, qui mirent un soin jaloux à l'entourer de mille attentions délicates et de tout ce que peut imaginer la plus tendre piété filiale. C'est une mission qu'elles avaient reçu des lèvres mourantes de leur Père, et elles l'accomplirent avec un dévouement sans bornes en leur nom et en celui de leurs frères et sœurs. Façonnées depuis longtemps aux vertus de leur Mère, Lucie et Julie formaient avec elle une trinité terrestre dont les goûts et les aspirations convergeaient vers une admirable unité, tant l'union de leurs âmes et de leurs cœurs était parfaite !

A peu de distance de la maison natale, vivaient Jean-Baptiste et Clara, qui, presque chaque jour,

venaient saluer et embrasser leur Mère. « Les deux
» foyers, dit Clara, ont toujours goûté une paix par-
» faite et un même bonheur en famille. Ma Mère nous
» recevait avec un visage souriant, et était heureuse de
» nous posséder à sa table chaque dimanche et à
» toutes les fêtes de la famille. Elle m'a aimée comme
» les siens jusqu'à la fin. Bien plus, elle faisait toujours
» un cordial et généreux accueil à mon Père Grégoire
» et à mon frère. J'aimais à m'ouvrir à elle, car avec
» son bon cœur elle excellait à adoucir les petites
» peines de la vie et à inspirer la patience. Les onze
» années que j'ai passées auprès d'elle, ont été des
» années de bonheur et de joie. »

Une visite bien douce aussi au cœur de notre Mère
était celle de son fils Louis, professeur à Valenciennes
à l'Institution Notre-Dame. La sortie du mois, les
congés du nouvel an, de Pâques et de la Pentecôte,
les grandes vacances, il les passait dans la chère solitude de sa Mère. C'était pour celle-ci un bonheur inex-
primable de posséder son fils prêtre, d'assister à sa
Messe et de l'entendre annoncer la parole de Dieu :
« Ma santé est assez bonne, disait-elle à François en
» janvier 1885. Je vais à la Messe presque tous les

» jours, et surtout à celle de Louis. Il est resté huit
» jours près de nous. Sa présence nous fait du bien : il
» est l'ange de la maison (1). »

Aussi longtemps que François fut à Soissons, il ne
manquait point de venir chaque année embrasser sa
Mère à l'époque de la Sainte-Claire. Le plus souvent,
il était accompagné de quelques-uns de ses amis :
M. Droitecourt, M. Planson, M. Delteil, M. Duez,
M. Duthoit. La fête était simple, cordiale, joyeuse, et
notre Mère indiciblement heureuse. Quand notre frère
aîné fut envoyé à Constantinople, MM. Villette et
Planson, l'un supérieur et l'autre professeur du Séminaire de Solesmes, le remplacèrent auprès de notre
Mère, qui les recevait comme s'ils eussent été ses
propres fils.

Malgré l'éloignement de la plupart de ses enfants,
notre Mère goûtait un profond bonheur à la pensée
qu'ils étaient attachés au service de DIEU et qu'ils
travaillaient à sa gloire. Leurs fréquentes lettres lui
permettaient de les suivre pas à pas dans tous leurs travaux. C'est ainsi que François, dans des missives des
plus intéressantes, l'entretenait de ses œuvres multi-

---

1. Ghissignies. Lettre à François, janvier 1885.

ples; lui faisait la description de Constantinople; ou bien, par de vivants récits, la transportait, pour ainsi dire, en Albanie, en Macédoine, en Bulgarie, en Valachie, à Smyrne, sur les ruines d'Ephèse, dans les îles pittoresques de Syra et de Santorin. En lisant les lettres de son fils, il lui semblait assister aux incidents de ses nombreux voyages apostoliques; contempler avec lui les beautés de la nature, la majesté et les colères de la mer, d'étonnants tableaux de mœurs; mais surtout voir la situation religieuse de ces régions lointaines et la belle moisson d'âmes qui s'y prépare, grâce au zèle des Prêtres de la Congrégation de la Mission et des Fiiles de la Charité. Instruite par une voie indirecte des succès de son fils, elle remerciait DIEU de ce qu'il avait choisi cet enfant pour réaliser tant de bien.

Parfois les lettres de François traitaient de choses spirituelles, et étaient pour l'âme de notre Mère comme une rosée bienfaisante : « Ma bonne et chère Mère,
» vous m'avez dit un mot au sujet de votre intérieur.
» Surtout vivez dans une parfaite et tranquille con-
» fiance en DIEU. Le ciel, regardez-le avec une douce
» sérénité : DIEU est si bon ! c'est lui qui tresse chaque
» jour votre couronne au ciel. Il ne veut pas que vous

» livriez votre âme à l'inquiétude ; il veut que vous
» soyez avec lui comme le petit enfant avec sa mère.
» Quand j'étais enfant, est-ce que jamais j'aurais pu
» craindre que vous me fassiez du mal, que vous
» me donniez la mort ? Jamais pareille pensée ne
» pouvait me venir. Eh bien ! voilà comme il faut que
» vous soyez avec Notre-Seigneur ; il faut avoir en
» lui une confiance joyeuse et robuste. Vivez donc en
» paix : vous portez JÉSUS-CHRIST en vous et avec
» vous comme dans un ciboire vivant ; vivez sous les
» yeux de ce bon Maître ; faites tout avec lui, en lui,
» et en suivant ses divines inspirations. Comme la
» Sainte Vierge, aimez à chanter votre *Magnificat*,
» c'est-à-dire à remercier DIEU de vous avoir donné
» des enfants chrétiens, des enfants qui sont à DIEU.
» Vous priez pour vos enfants, et vos prières sont pour
» eux des bénédictions. En pensant à eux, offrez de
» nouveau, toujours avec joie, vos sacrifices : au ciel,
» où nous arriverons les uns après les autres, nous ne
» serons plus séparés.

» Oui, ayez une sainte joie dans votre cœur, une
» douce paix en vous-même, une confiance bien ferme
» et bien joyeuse dans le bon DIEU. Que la paix, la

» joie, le doux repos dans la volonté de Dieu, la
» confiance, caractérisent votre âme et soient votre
» état habituel.

» En vous bénissant comme prêtre, je vous prie de
» bénir aussi votre fils (1). »

De Baeza, Marie adressait à sa Mère des lettres qui
étaient des causeries débordantes d'affection et de
gaîté. Exhibons quelques perles de ce riche écrin, qui
faisait la joie de notre Mère : « Ma chère Mère, savez-
» vous que votre fille *Marie-Thérèse Lobry* va, avec
» sa Bonne Mère, acheter une grande maison pour
» nous et nos pauvres, ainsi qu'un grand jardin. Nous
» signons le contrat de notre nom du monde. Je vous
» serais bien reconnaissante si vous pouviez y contri-
» buer par une petite aumône : je vous demanderai,
» ma chère Mère, cinq francs ; à Jean-Baptiste, cinq
» francs ; à mon oncle Gomez, dix francs ; à ma cousine
» Lucie, dix francs aussi ; et, avec ces aumônes, vous
» aurez part pour toujours aux prières des Petites
» Sœurs et de nos bons vieillards. Saint Joseph vous
» bénira, car il sera bien content lorsque nous lui
» ôterons la maisonnette qui est suspendue à son cou ;

___

1. Constantinople, le 20 octobre 1890.

» et moi, je serai heureuse de penser que ceux que
» j'aime tant ont contribué à payer notre maison (1). »

« Bien chère Mère, vous êtes sans doute étonnée
» que je sois en retard à vous écrire : ce n'est rien,
» rien qu'un peu de besogne pour diriger toute ma
» petite famille, et un voyage que j'ai fait à la ville où
» réside Monseigneur pour lui présenter nos souhaits
» de bonne année ; car, comme vous le savez, je suis
» la petite Bonne Mère de Baeza, et il faut que je soi-
» gne tous mes enfants : j'en ai quarante-deux (2). »

« Vous vous rappelez avec quelle voix de tonnerre
» j'ai prononcé mes vœux à la Tour : chaque fois que
» je les renouvelle, c'est tout pareil. Eh bien ! j'ai dit
» au petit Jésus : Mon petit Jésus, vous êtes mon
» époux, et je suis votre épouse ; faisons comme mon
» Père faisait avec ma Mère : mon Père pourvoyait à
» toutes les dépenses, ma Mère soignait bien ses
» enfants. Vous, mon petit Jésus, vous prendrez soin
» aussi de tout : je vous laisse les rênes du gouverne-
» ment ; moi, je vous promets de bien vous obéir et de
» bien soigner les vieillards.

1. Baeza, le 23 mai 1885.
2. Baeza, le 5 janvier 1885.

» Tout, ma chère Mère, a toujours été très bien, et » plus il vient, mieux c'est (1). »

La Sœur Elisabeth, qui remplissait si allègrement sa charge de Supérieure, n'était jamais à bout de ressources : « Il faut que je vous conte une affaire, disait- » elle à sa Mère : nous demandions à saint Joseph un » aumônier pour notre chapelle neuve ; et, voyant qu'il » se faisait attendre, j'ai pris le portrait de François, » j'ai mis dans le haut un petit ruban rouge en forme » de boucle, puis dans le bas j'ai écrit : *Bon saint* » *Joseph, donnez-nous un aumônier.* Ensuite nous » avons suspendu ce portrait au cou de saint Joseph. » Monseigneur en a été informé et bien vite il nous a » nommé un aumônier qui a la taille de François et » est très pieux (2). »

Quant à la Sœur Vincent (Eugénie), elle aimait à prouver à sa Mère que les leçons et les exemples qu'elle en avait reçues autrefois, portaient leurs fruits : « Lors- » que je prie ou que je fais prier mes petits enfants, » je pense à vous, ma chère Mère ; et, quand je les » corrige ou que je leur accorde une faveur, une

1. Baeza, le 11 janvier 1887.
2 Baeza, le 30 septembre 1889.

» caresse, une récompense, je pense également à vous,
» ma chère Mère ; car c'est votre souvenir au milieu
» de nous tous encore enfants, qui m'inspire la manière
» de les reprendre et de les aimer. Je tâche de vous
» imiter dans votre bonté ferme, dans vos caresses
» sérieuses, dans vos réprimandes toujours à propos,
» comme aussi dans votre sollicitude maternelle pour
» pourvoir à tous leurs besoins (1). »

« Dans certains moments difficiles, je pense à vous,
» ma chère Mère, et alors il me semble être animée
» de vos sentiments et de votre courage. Cette pensée
» me donne de l'énergie et me rend plus généreuse
» au service de DIEU (2). »

Non moins que ses sœurs aînées, Zoé portait dans
son cœur le souvenir de sa bien-aimée Mère. Elle se
plaisait à lui raconter que, dans la Ville Éternelle, elle
avait prié pour elle au tombeau de sainte Monique,
devant la Colonne de la Flagellation, à la Prison
Mamertine, à l'Escalier Saint, au tombeau des Saints
Apôtres, à Saint-Paul aux Trois Fontaines, devant les
Chaînes de saint Pierre ; ou bien encore elle lui décri-

---

1. Abbeville, le 15 novembre 1885.
2. Abbeville, le 10 août 1890.

vait la magnifique Exposition du jubilé de Léon XIII, l'enthousiasme qu'elle avait éprouvé à la vue du Vicaire de Jésus-Christ porté triomphalement dans la Basilique de Saint-Pierre.

La lecture des nombreuses lettres de ses enfants procurait à notre Mère des instants délicieux ; elle bénissait la Providence de la reconnaissance si vive dont ils étaient animés à son égard, du bien qu'ils opéraient dans l'Église de Dieu ; et, l'âme inondée de joie, les yeux remplis de larmes, elle priait pour eux avec ferveur et redisait du fond du cœur son « Merci, mon Dieu ! »

Un autre charme de la solitude de notre Mère, c'étaient les visites des Filles de la Charité du Quesnoy et des Petites Sœurs des Pauvres de Maubeuge. Les unes et les autres venaient souvent à Ghissignies saluer celle qu'elles appelaient leur mère, et s'y reposer de leurs travaux : toujours elles étaient reçues à cœur ouvert, comme l'eussent été Marie, Eugénie et Zoé. Au nouvel an et à la Sainte-Claire, les Sœurs du Quesnoy présentaient leurs souhaits à Madame Lobry ; à la saison des fruits, les enfants de leur maison faisaient une promenade à Ghissignies : par les soins de notre

Mère, un goûter leur était servi dans le verger, et le jet d'eau de la grotte fonctionnait en leur honneur. Après avoir salué Notre-Dame de Lourdes par un joyeux cantique, la petite caravane rentrait au Quesnoy, laissant notre Mère heureuse d'avoir fait quelque bien à de pauvres orphelines. Quant aux Petites Sœurs des Pauvres, dans leurs quêtes à Ghissignies et aux environs, elles recevaient chez notre Mère une cordiale hospitalité.

A toutes ces joies déjà si grandes, s'entremêlaient des joies plus douces encore. Le 14 mai 1887, notre frère aîné adressait à sa Mère les lignes suivantes :

« Ayant reçu une lettre de la Tour-Saint-Joseph, je
» me hâte de vous en donner connaissance et je vais
» vous la copier en partie : « Notre Supérieur me
» charge de répondre à votre bonne lettre du 26 avril.
» Il est heureux de vous dire, par mon intermédiaire,
» que, vu les circonstances toutes particulières qui se
» présenteront, il y a lieu d'accorder pour la Mère
» et pour la fille la petite entrevue que vous deman-
» dez. C'est vers le commencement de juillet que notre
» Petite Sœur Élisabeth de Sainte-Cécile doit venir
» à la Tour pour assister au Chapitre général. Le

» moment le plus favorable serait donc après le Cha-
» pitre ; selon qu'il conviendra mieux pour votre chère
» Mère, notre Petite Sœur se rendra à Cambrai ou à
» Valenciennes ; de là les dispositions seront prises
» selon les circonstances.

» En lisant ces lignes, vous remercierez le bon DIEU
» de cette permission accordée à Marie de vous voir
» et de voir la famille. Dès maintenant il faut se pré-
» parer à cette visite, pour que tout s'y passe avec
» reconnaissance envers DIEU, consolation en DIEU
» pour le cœur, mais sans larmes et avec la perspective
» que Marie ne pourra pas séjourner longtemps. Que
» tout se passe, de la part de tous, comme à Paris pour
» le départ de Zoé. J'en ai la confiance, rien ne me fera
» regretter d'avoir fait des démarches pour procurer
» cette consolation à ma bonne Mère et à tous ; mais, je
» le répète, mon souhait est que l'esprit du bon DIEU
» préside à cette réunion. »

Notre Mère s'empressa de répondre à son fils :

« Merci de ta bonne lettre et de tes démarches
» auprès du Supérieur de la Tour. Nous pourrons tous
» revoir Marie après tant d'années! Je dis du fond de
» mon cœur : Merci, mon DIEU ! Il ne manquera plus

» qu'Eugénie et toi. Toute la famille se réjouit. Notre
» cousine Ismérie, qui est à Ghissignies pour quinze
» jours, espère aussi voir Marie. Nous envoyons ta
» lettre à Louis, qui sera bien aise d'apprendre cette
» nouvelle. Il serait préférable que la réunion eût lieu
» à Valenciennes, car Louis y est déjà, et pour nous
» la distance sera moins longue. C'est avec bonheur
» que je reverrai Marie : encore une fois, merci.

» Je suis très reconnaissante envers le Supérieur
» Général, qui daigne nous envoyer Marie. Pour toi
» et Eugénie, je remets tout entre les mains de
» Dieu (1). »

De son côté, Marie écrivait de Baeza à sa Mère :
« Je compte arriver à Valenciennes le mardi soir,
» 5 juillet, pour y passer trois jours avec vous... Dans
» le bonheur que j'éprouve en pensant à vous revoir,
» je n'ai plus rien à vous dire. Vous allez me trouver
» vieillie et jaunie : je suis architecte, je surveille les
» ouvriers, je pèse de la chaux, etc. Enfin, j'aurai le
» plaisir et le bonheur de vous dire toutes mes aven-
» tures !... (2) »

---

1. Ghissignies, le 21 mai 1887.
2. Baeza, le 14 juin 1887.

Cette entrevue, préparée par notre frère aîné et tant désirée de tous, eut lieu non à Valenciennes, où arrivèrent d'abord Marie et Eugénie même, mais à Ghissignies dans la chère maison natale. La joie fut grande, et pas une larme ne fut répandue. Notre Mère, après avoir serré contre son cœur la Sœur Elisabeth et la Sœur Vincent, leur dit : « Mes enfants, le bon Dieu a » voulu nous réunir : ne pleurons pas, il en serait » offensé. Passons bien ces jours dans la joie. » On alla ensuite prier sur la tombe de notre bien-aimé Père, et Louis célébra la Messe pour le repos de l'âme du cher défunt.

A cette réunion de famille, la place de François ne resta point vide : elle fut occupée par ses amis MM. Villette et Planson. Notre Mère invita aussi M. l'abbé Carlier, cousin de Clara et doyen de Saint-Amand, M. Villain, curé de Saint-Aubert, M. Defroyenne, curé de Ghissignies, notre bonne cousine Lucie, à venir prendre part à son bonheur. La fête fut calme, simple et joyeuse. Marie, à la satisfaction générale, fit le récit pittoresque de ses aventures, des douces violences qu'elle faisait à saint Joseph et des faveurs merveilleuses qu'elle en obtenait. C'est avec un contentement indicible que notre Mère contemplait et écoutait ses filles bien-aimées.

Le lendemain, notre Mère, Marie, Eugénie et Louis, répondant à l'aimable invitation de M. l'abbé Carlier, se 'rendaient à Saint-Amand, où le plus cordial accueil leur fut fait.

Quand vint le moment de la séparation, notre Mère, le sourire sur les lèvres, dit à ses filles : « Bon courage toujours, et soyez bien généreuses ! » La Petite Sœur des Pauvres et la Fille de la Charité partirent, émerveillées du bonheur que goûtait leur Mère dans sa solitude, ravies de l'affection et du respect que lui portaient les amis de la famille, toutes remplies d'admiration pour sa piété, sa force d'âme et sa générosité, et avec la résolution de se rendre de plus en plus dignes de leur sainte vocation.

Cette entrevue, qui fut pour notre Mère comme un avant-goût des joies du ciel et dont elle conserva un parfum délicieux, était bien dans l'ordre de la volonté de Dieu, puisqu'il a suffi à notre frère aîné d'en manifester le désir, pour que les Supérieurs de Marie et d'Eugénie l'autorisassent.

L'année suivante, François annonçait à sa Mère

qu'il s'embarquerait le 11 juillet, et qu'il espérait aller passer quelques jours à Ghissignies. Elle lui répondit aussitôt : « Mon bien-aimé fils, c'est avec joie que » nous avons reçu ta lettre. Te revoir et t'embrasser, » quel bonheur ! Je dis à l'avance : Merci, mon Dieu, » de tant de bonté ! A partir du 11 juillet, je prierai » pour l'heureuse issue de ton voyage. Que la traversée » soit bonne ! Si tu passes par Rome, tu embrasseras » Zoé pour moi. Tu t'entendras avec ces Messieurs, » tes anciens amis de Soissons, pour qu'ils se réunissent » à Ghissignies (1). »

Cette joyeuse fête de famille se passa sous le regard de Dieu. Notre Mère écoutait avidement le missionnaire à la barbe majestueuse, et était heureuse de posséder son fils aîné une fois encore, malgré les mille lieues qui l'en avait séparée pendant deux ans.

Quelques jours après avoir eu la consolation de revoir son fils, notre Mère lui adressait la lettre suivante : « Ton séjour parmi nous a été court. Je m'é- » tais promis de te demander des conseils sur la ma- » nière dont je devais passer les dernières années de » ma vie ; Dieu ne l'a pas permis. Je le remercie de

---

1. Ghissignies, le 30 juin 1888.

» nous avoir procuré le plaisir de te posséder : qu'il
» soit loué du bonheur qu'il me fait goûter de la part
» de mes enfants !

» Prie pour moi, car j'en ai besoin. De mon côté, je
» ne t'oublie pas, ni tes amis. Chaque matin je t'envoie
» ma bénédiction et je compte sur la tienne (1). »

A l'occasion de l'assemblée générale des Supérieurs
de la Congrégation de la Mission, notre frère aîné
vint de nouveau en France en 1890, et de nouveau il
passa quelques jours à Ghissignies : le récit de ses
courses apostoliques, le groupement des amis de la
famille rendaient ses visites délicieuses pour notre
bien-aimée Mère.

Zoé était à Rome depuis cinq ans. Notre Mère
n'espérait plus la revoir ici-bas, quand, quelques mois
après la dernière apparition de François dans la famille,
elle apprend que sa fille est sur le point de se rendre
en France avec l'une de ses Supérieures et qu'elle viendra l'embrasser à Ghissignies. En effet, vers la fin du
mois d'octobre, Zoé, accompagnée de sa Supérieure et
de notre sœur Eugénie, arrivait à Ghissignies et était
reçue avec jubilation par notre Mère. Zoé se montra

---

1. Ghissignies, le 15 août 1888.

d'une gaîté intarissable, à tel point qu'Eugénie, plus grave, était toute surprise de se voir entraînée à des transports de joie: à un certain moment, notre Mère émerveillée contempla Zoé sous la cornette blanche de la Fille de la Charité, et Eugénie sous le manteau noir de la Petite Sœur des Pauvres!

Cette fête, qui dura deux jours, se passa à la lumière de la foi, et la joie de tous était en Dieu. Malgré son grand âge, notre Mère n'avait rien perdu de sa force d'âme et de sa générosité. Toujours calme et souriante, elle aimait à s'entretenir avec Eugénie de la noble mission qu'elle avait à remplir auprès des pauvres, et elle lui disait: « Que votre vocation est » belle, Eugénie! Faites bien toutes vos actions en vue » de plaire à Dieu: tout pour lui, afin de tout retrouver » là-haut! » A Zoé, qui lui exprimait son bonheur d'être consacrée à Dieu, elle disait: «Ah! Zoé, je vous en » prie, soyez généreuse et ne refusez jamais à Dieu » aucun sacrifice. » On eût dit que notre Mère savait l'abnégation dont Zoé devrait bientôt faire preuve dans les missions délicates et difficiles qui lui seraient confiées à Florence, à Catane, à Marseille et à Marino : au souvenir des paroles de sa Mère, la Petite

Sœur se fera un devoir d'accepter tous les sacrifices.

La vue du bonheur dont ses enfants jouissaient dans la vie religieuse, mettait au cœur de notre Mère une joie indicible, et elle ne cessait de remercier Dieu de ses bontés envers elle. Les adieux furent héroïquement simples : on s'était revu comme si jamais l'on ne s'était quitté, on se sépara comme si le lendemain on devait se réunir encore.

Parfois les visites que recevait notre Mère étaient aussi imprévues qu'extraordinairement honorables. Le 18 février 1887, à 5 heures de l'après-midi, deux personnages au grand manteau oriental, au bonnet grec, à la barbe et aux cheveux longs, arrivèrent à Ghissignies. L'un était Monseigneur Mladenoff, Lazariste, Évêque des Bulgares catholiques de la Macédoine ; l'autre M. Alloati, prêtre attaché au Vicariat Apostolique de la Macédoine.

M. Villette, Supérieur du Séminaire de Solesmes, ayant appris que son ancien condisciple de Saint-Lazare, Monseigneur Mladenoff, était à Lille, s'y rendit en toute hâte pour l'inviter à venir à Solesmes. Il le fit passer par Valenciennes, d'où l'on vint avec Louis à Ghissignies.

A son arrivée, Monseigneur bénit la famille age-
nouillée à l'entrée de la cour, et notre Mère lui fut
présentée par M. le Curé (M. Defroyenne). Monseigneur dit alors : « Voilà la dame que j'ai vue en photo-
» graphie et que je connais d'après le beau livre
» intitulé : *Un Père chrétien.* »

On prépara un modeste repas : c'était un vendredi.
Monseigneur se montra plein de simplicité, de bonté,
de gaîté. Il parla de Saint-Lazare, où il avait passé
deux ans avec notre frère aîné, des coutumes de la
Macédoine, de son diocèse et de Salonique où il rencontra François se rendant pour la première fois à
Constantinople. Il ajouta qu'il avait accompagné dans
cette dernière ville le nouveau Supérieur de la Maison
Saint-Benoît, et qu'il avait passé quelques jours près
de lui. Après cet entretien, il alla prier devant la statue
de Notre-Dame de Lourdes.

Pendant le repas, toutes les figures, et particulièrement celle de notre Mère, étaient rayonnantes de
bonheur. Vers la fin du souper, Louis remercia Monseigneur Mladenoff de l'honneur qu'il faisait à notre
Mère et à sa famille, et de la consolation qu'il leur
procurait en daignant leur faire visite et s'asseoir à

leur table. M. Villette ayant ajouté que Madame Lobry était comme la mère des Lazaristes de Solesmes, Monseigneur prononça ces aimables paroles : « Qu'il
» me soit permis de boire à la santé de ma mère.
» C'est qu'en effet Madame Lobry est la mère de
» M. le Supérieur de Saint-Benoît, mon ami et mon
» frère. Je puis donc, Madame, me dire aussi votre
» fils. Je suis très heureux de me trouver dans une
» famille qui a conservé des traditions si chrétiennes,
» et que j'ai appris à connaître dans l'écrit si remar-
» quable fait par M. Lobry. C'est là un livre qui doit
» être répandu et qui est de nature à produire un
» grand bien. »

Au moment de son départ, Monseigneur Mladenoff bénit de nouveau la famille et présenta à chacun son anneau à baiser. Il quitta Ghissignies deux heures après son arrivée, laissant notre Mère et ses enfants dans la joie et l'étonnement d'avoir reçu un tel visiteur.

Quelques jours après, notre Mère disait à François :
« Nous devons la visite de Monseigneur Mladenoff
» aux attentions délicates de M. Villette et de M.
» Planson. Nous avons reçu de notre mieux ce prélat
» si bon. Je n'ai pas été gênée avec lui, si ce n'est à

» la fin du souper quand il a prononcé un petit dis-
» cours, dans lequel il disait que tu étais son frère et
» que j'étais sa mère. J'étais heureuse de l'entendre
» parler de toi et de M. Droitecourt. Nous conservons
» un bon souvenir de Monseigneur Mladenoff. Il nous
» a promis qu'il irait voir Zoé à Rome (1). »

Notre Mère eut encore l'honneur de recevoir Monseigneur Renaud et Monseigneur Wicq, anciens amis de François et évêques de Chine.

C'est surtout par ses prières qu'elle témoignait sa reconnaissance à d'aussi augustes visiteurs : « Après
» mes Communions, disait-elle, je prie en particulier
» pour la conversion des Bulgares et des Chinois, que
» Monseigneur Mladenoff et Monseigneur Renaud
» m'ont recommandés (2). »

Notre bien-aimée Mère avait le cœur si maternel et si hospitalier pour les amis de sa famille, que tous la vénéraient et l'aimaient comme leur mère, et, pour tous, c'était un bonheur que de passer quelques heures à Ghissignies. Elle les recevait avec une simplicité et une aisance charmantes. Le curé de la paroisse était

1. Lettre à François, Ghissignies, février 1887.
2. Lettre à François, Ghissignies, 16 octobre 1888.

aussi traité avec toute la déférence due à sa dignité, et elle se faisait un devoir de l'inviter à sa table, quand elle recevait chez elle l'un de ses enfants ou un prêtre.

Cette solitude si douce où régnaient la paix et le bonheur, notre Mère savait la quitter quand la reconnaissance ou la charité le demandaient. C'est ainsi que, malgré son grand âge, elle entreprit un long voyage pour assister aux funérailles de Melle Nathalie Hannoire et porter quelques consolations à Melle Caroline Hannoire sa sœur. Elle voulut aussi aller à Waseiges (Belgique) faire visite à son infortuné neveu, Ferdinand Mils, atteint d'une cruelle maladie, et essuyer les larmes de son épouse désolée et de ses jeunes enfants.

Vers la fin de 1890, Louis, ayant dû renoncer au professorat à cause de sa santé, fut nommé curé de la paroisse de Robersart, à deux lieues de Ghissignies. Toujours remplie d'abnégation, notre Mère souhaitait que l'une de ses filles allât demeurer avec son frère. Il en coûtait beaucoup aux deux sœurs de quitter leur Mère et de se séparer. Pour trancher la difficulté, notre Mère dit à ses filles : « Si l'une de vous ne consent à aller demeurer avec Louis, moi j'y vais, car

» il a besoin d'être soigné. » Cette parole détermina Lucie à accepter le sacrifice de la séparation.

Notre Mère fut récompensée de sa générosité par les visites fréquentes qu'elle reçut de Louis et de Lucie. Elle même vint, à plusieurs reprises, se reposer à Robersart, où Jean-Baptiste l'amenait en voiture : elle aimait ce charmant village, avec ses bons habitants, sa jolie petite église et son agréable presbytère. Après avoir passé, auprès de ses enfants, dix ou quinze jours dans la prière et la joie, elle rentrait dans sa chère solitude de Ghissignies.

Quand en 1891 M. Droitecourt, venu de Constantinople en France, se présenta chez notre Mère, il fut grandement étonné de ne la point trouver : elle était alors auprès de Louis et de Lucie. Jean-Baptiste se hâta d'amener à Robersart ce fidèle ami de la famille : notre Mère fut heureuse de le posséder pendant quelques heures, car pour elle, voir M. Droitecourt, c'était voir la moitié de François.

Quelques jours après l'agréable visite de M. Droitecourt, Jean-Baptiste reconduisait à Ghissignies tous les habitants du presbytère de Robersart, pour aller fêter la Sainte-Claire au foyer natal.

C'était en DIEU, avant tout, que notre Mère goûtait ses plus suaves délices. Sa piété sincère avait frappé grandement ses enfants encore en bas-âge. « Dès mes » plus tendres années, dit Marie, j'ai toujours cru que » notre Mère priait comme prient les Saints. Me trou- » vant à l'église auprès d'elle, je regardais attentive- » ment toutes les personnes qui nous entouraient, et je » me disais : De tout le monde, c'est ma Mère qui est » la plus pieuse et qui prie le mieux le bon DIEU. Et » alors j'étais fière d'être sa fille : je m'estimais plus » heureuse que si j'eusse été la fille d'une dame mil- » lionnaire. »

C'est pendant les dernières années de sa vie que la piété de notre Mère reçut son complet épanouissement. Son âme, mûrie par l'épreuve et grandie par le sacri- fice, aimait à se reposer en DIEU. D'ailleurs la retraite paisible dans laquelle elle vivait, l'absence presque complète de tout souci relatif aux choses de la terre, favorisaient les aspirations de son cœur vers la sain- teté.

Chaque matin elle faisait la méditation avec ses filles ; ensuite elle se rendait à l'église pour y entendre la Messe ; le long du chemin, elle priait, et ses enfants, qui l'accompagnaient, faisaient de même ; au retour, presque jamais elle ne rentrait directement chez elle, soit qu'elle allât consoler une pauvre mère de famille, soit qu'elle visitât quelque malade. Tous les dimanches et plusieurs fois dans la semaine, elle faisait la sainte Communion : c'est par ce moyen là surtout qu'elle entretint et augmenta sans cesse le feu de son grand amour pour Dieu, pour tous les siens et pour le prochain ; c'est à la Table sainte qu'elle obtint des grâces abondantes pour sa famille et qu'elle trouva force et consolation dans les sacrifices et les épreuves. Parfois, particulièrement en hiver, la maladie, les bronchites, les rhumatismes la retenaient au logis : Lucie et Julie, attentives à lui faire éviter toute imprudence, devaient l'empêcher d'aller à l'église. Aussi disait-elle à François :

« Je suis privée de la Messe quotidienne : je n'y » vais que le dimanche. J'ai contracté une dette envers » toi, je m'en acquitterai aussitôt que tes sœurs me le » permettront : c'est la sainte Communion en l'hon- » neur de ton saint Patron (1). »

« J'ai eu un gros rhume, mais je vais mieux. J'ai

---

1. Lettre à François, Ghissignies, décembre 1884.

» près de moi deux gendarmes, qui ne me laissent pas
» faire ce que je veux. Dimanche dernier, je me suis
» fâchée et j'ai été à la Messe : je suis bien contente
» d'y avoir été (1). »

« Ma santé est passable, mais l'hiver me dérange :
» je n'ai pas encore été à la Messe les jours de la
» semaine depuis la fête du Rosaire. Tu comprends
» que c'est un sacrifice pour moi. Je dis comme ton
» regretté Père : Que la volonté de Dieu soit
» faite (2). »

Quand sa santé ne lui permettait pas d'aller à
l'église, notre Mère assistait à la Messe en esprit et
en récitait les prières à la maison. Mais parfois il lui
arrivait d'être distraite et de se rendre au plus vite à
l'église. De retour à la maison, son visage était si
rayonnant de bonheur, que ses fidèles gardiennes
osaient à peine lui reprocher sa désobéissance.

Dans l'après-dîner, toujours elle faisait une lecture
dans *La Vie des Saints méditée* (3) ; elle y ajoutait un
chapitre de l'*Imitation de Jésus-Christ* ou de *La Science*

---

1. Ghissignies, décembre 1889.
2. Ghissignies, le 21 janvier 1890.
3. Par le P. Grossez, S. J.

du Pater (1), ou de l'histoire de sainte Monique, de sainte Chantal, etc. Mais son livre de prédilection, celui qu'elle nous a laissé tout usé et jauni, tant elle s'en est servi fréquemment, c'était le *Livre de Prières et de Méditations* tirées de saint Alphonse de Liguori : la piété pleine d'onction de ce saint Docteur allait bien à son cœur.

Pendant la journée, elle aimait à aller prier devant la grotte de Notre-Dame de Lourdes, et très nombreux sont les rosaires qu'elle y a récités. Parmi ses pratiques de dévotion, citons encore l'exercice du Chemin de la Croix, dont elle se plaisait à parcourir les stations ; quand elle était retenue chez elle par la maladie, elle le faisait avec son crucifix indulgencié. Chaque fois qu'elle entrait dans la salle de sa maison où était exposée la statue de saint Pierre, elle baisait les pieds du Prince des Apôtres, afin de gagner l'indulgence attachée à cette marque de respect.

Le soir, notre Mère s'asseyait dans son fauteuil, et le chapelet à la main, elle priait longtemps. « Un jour, » dit Julie, je voulus savoir combien de chapelets elle » disait, mais je ne pus réussir à satisfaire ma curiosité.»

1. Par le P. Portmans, des Frères Prêcheurs.

Tout le temps qui restait à notre Mère en dehors de ses saints exercices, elle le consacrait au travail.

Telles étaient les journées de notre Mère, journées dignes de son titre de Tertiaire de saint François d'Assise, journées remplies par la pensée de son âme, de Dieu et de l'éternité.

Chapitre Quinzième.

JÉRUSALEM ET LE SACRIFICE SUPRÊME. — 1892.

DANS une lettre datée du 26 décembre 1891,
François disait à sa Mère : « C'est une bonne
» et sainte année que je viens vous souhaiter. Je prie
» DIEU aussi de vous conserver une santé convenable·
» ment bonne. Je lui demande également qu'il exauce
» bien toutes vos prières pour vos enfants, afin que
» tous nous fassions, de loin comme de près, votre joie
» et votre consolation.

» Merci de vos vœux de fête et surtout de vos
» prières. Vos prières, ma bonne et chère Mère, ce
» sont celles auxquelles je tiens le plus parmi toutes
» celles qu'on fait pour moi ; je sais que vous ne man-
» querez pas de me les continuer, et je vous en remer-
» cie de tout cœur.

» Mon Père, du ciel où DIEU l'a mis, prie aussi
» pour nous tous et nous bénit. Il est bon de vivre
» ainsi unis dans le bon DIEU, en attendant qu'un à la
» fois nous allions nous réunir au ciel.

» Au milieu de janvier, si des obstacles ne surgissent
» pas, je compte m'embarquer pour aller à Jérusalem ;
» ce voyage durera cinq à six semaines. Si je fais ce
» pèlerinage, je représenterai toute la famille au tom-
» beau de Notre-Seigneur. »

Quelques jours après, notre Mère adressait à son
bien-aimé fils la réponse suivante : « Merci de ta bonne
» lettre et de tes bons souhaits : je sais qu'ils viennent
» d'un excellent cœur. C'est ma consolation de rece-
» voir des nouvelles de mes enfants, et d'apprendre
» qu'ils sont bien portants et heureux chacun dans leur
» vocation.

» Ma santé est assez bonne, à part un rhume qui
» m'empêche d'aller à l'église : le docteur Vaille m'a
» défendu de sortir. Aujourd'hui, c'est la fête de l'Ado-
» ration du Très Saint Sacrement ; je suis heureuse
» d'avoir pu communier à la maison.

» Cher enfant, je te remercie à l'avance de tes
» bonnes intentions pour nous dans ton pèlerinage aux
» Saints Lieux. Je te souhaite un bon voyage. Un de
» mes enfants à Jérusalem, quel bonheur pour nous
» tous ! (1). »

---

1. Ghissignies, janvier 1892.

Tandis que notre Mère se réjouissait à la pensée que son fils prierait bientôt pour elle et pour sa famille aux différents sanctuaires de la Terre Sainte, elle reçut d'Orient une seconde lettre dans laquelle François lui disait : « C'est sur mer que je vous écris, et je suis en » route pour Jérusalem. Parti de Constantinople le » mercredi 17 février, je suis allé à Smyrne ; je n'y ai » passé que quelques heures. De là, le bateau nous a » conduits à Athènes. Je dis nous, car à Smyrne est » venu me rejoindre le Supérieur de notre Mission de » Santorin, et c'est avec lui que je m'achemine vers » les Lieux Saints. Nous sommes maintenant dans les » îles de la Grèce, et, lundi matin, si la mer continue » d'être bonne, nous arriverons à Alexandrie. Qui » vous eût dit qu'un jour je fêterais en Egypte l'anniversaire de ma naissance ?

» Je suis heureux de pouvoir enfin faire le pèlerinage » de Jérusalem. Inutile de vous dire que vous, ma » bonne et chère Mère, mes frères, mes sœurs, mon » parrain, toute la famille, vous serez présents à mon » souvenir. En disant la Messe sur le tombeau de » Notre-Seigneur, je n'oublierai personne (1). »

1. Sur mer, 20 février 1892.

Par la pensée et le cœur, notre Mère voguait joyeusement avec son fils vers la sainte montagne du Calvaire ; mais elle ne prévoyait point le dénouement de ce pèlerinage spirituel !

Le 19 mars, jour de la fête de saint Joseph, elle contracta un rhume, qui, en quelques jours, dégénéra en oppression violente. Le lundi 21 mars, on alla quérir le docteur Vaille : celui-ci, à son grand regret, n'eut d'autre moyen que la saignée pour arracher la malade à un péril imminent : elle était atteinte de grippe et de congestion pulmonaire. La nuit suivante fut mauvaise, car le sang était en effervescence. Il y eut ensuite du mieux, mais les suffocations revenaient de temps en temps.

Le mercredi 23 mars, à midi, Lucie, qui arrivait de Robersart, trouva notre Mère dans un état de faiblesse et d'assoupissement tels, que la malade remarqua à peine sa fille. Cette indifférence alarma nos sœurs, qui y virent un symptôme des plus graves. Jean-Baptiste alla donc chercher Louis à Robersart. Pendant ce temps, Julie s'efforçait, mais en vain, de tirer notre Mère de sa somnolence. Louis arriva enfin. Dès que notre Mère l'aperçut, ce fut pour elle comme une résurrection : elle se réveilla de sa torpeur, et on eût cru qu'elle n'était plus malade, tant elle était dispos et gaie ; elle se mit à causer, à rire même, et nous passâmes tous ensemble de bien doux moments : on ne pensait pas à se séparer, tant on était content !

M. le Curé (M. l'abbé Parent était alors curé de Ghissignies), ayant proposé de faire une neuvaine pour obtenir la guérison de notre Mère, laissa à Louis le choix des prières à réciter. Comme on était dans le mois consacré à saint Joseph, il fut convenu qu'on réciterait les litanies de ce glorieux Patriarche. Séance tenante, on commença la neuvaine dans la chambre même de notre Mère, qui unit ses supplications à celles de ses enfants. Jean-Baptiste dit ensuite : « Nous » pourrions ajouter la prière du soir, ce serait chose » faite. » La prière terminée, nous allâmes, un à un, embrasser notre Mère et recevoir sa bénédiction. Nous fîmes de même les soirs suivants, non sans nous rappeler que ces scènes si touchantes étaient la répétition de celles qui avaient précédé la mort de notre Père.

Le lendemain, jeudi 24 mars, Louis célébra la sainte Messe pour la chère malade, qui l'en remercia avec effusion. Elle semblait aller mieux, et l'espoir commençait à renaître dans le cœur de ses enfants. Louis quitta sa Mère en lui promettant de célébrer les saints Mystères pour elle le jour de l'Annonciation. Dans la matinée, M. le Curé fit visite à notre Mère, qui lui exprima le désir de communier le lendemain en l'honneur de la Sainte Vierge. Comme le médecin n'était pas encore rassuré sur l'état de la malade, et que, d'après les prescriptions qu'il avait faites, elle ne pouvait rester à jeun, M. le Curé lui dit qu'elle pourrait communier en viatique. En entendant parler de communier en viatique, notre Mère dit à M. le Curé : « Je » veux bien recevoir les derniers sacrements, car ma » vie peut de nouveau être en danger. » Dans l'après-midi, M. le Curé vint la confesser. Nos sœurs remarquèrent qu'elle était impressionnée de sa confession : elle la fit sans doute comme si c'était la dernière.

Le vendredi 25 mars, notre Mère communia avec une foi et une piété profondes, tandis que Jean-Baptiste, Clara, Lucie et Julie étaient là qui priaient auprès d'elle. Quelques instants après, arriva Louis, que notre Mère appelait son second docteur. La journée fut bonne, mais pourtant la malade retombait encore fréquemment dans sa somnolence.

Le samedi, 26 mars, notre Mère goûta une bien douce consolation : dans la matinée, elle reçut du cher pèlerin de Jérusalem une lettre dont la première page était ornée d'un dessin représentant le monastère du Mont-Carmel. Elle baisa cette lettre avec joie et se la fit lire à l'instant. Voici ces lignes qui ont causé de si douces émotions à notre Mère :

« C'est du Mont-Carmel que je vous écris. La
» croix que j'ai faite sur le dessin ci-dessus, indique
» la chambre que j'occupe. La dernière fois, je vous ai
» écrit d'Alexandrie d'Egypte ou mieux sur mer.
» Après un jour passé à Alexandrie pour y visiter nos
» confrères et les Sœurs de Charité de cette ville, je
» suis parti pour le Caire; nous avons traversé le Nil
» deux fois ; les villages arabes que nous avons vus sur
» la route, sont d'une pauvreté dont vous ne pouvez
» vous faire une idée : nos étables sont des palais à
» côté de ces misérables demeures faites en terre noire
» et couvertes de roseaux ou de terre. Les Arabes
» sont sales et repoussants ; les enfants sont à peine
» vêtus et même nus.

» Au Caire, trois choses m'ont frappé : le Puits de
» Joseph, qui a, dit-on, trois cents pieds de profondeur;

» il est fort large et carré ; on descend presque jus-
» qu'au fond par un escalier en pierre. Une seconde
» chose bien intéressante, c'est un musée renfermant
» les antiquités de l'Egypte. Une troisième, ce sont les
» pyramides. Accompagné de trois Bédouins, je grimpai
» sur le sommet de la plus grande ; mon compagnon
» n'osa pas faire cette ascension. Je vous réponds qu'il
» ne faut pas que la tête tourne. Pour descendre, les
» Bédouins voulaient me lier, mais je m'y refusai. La
» vallée du Nil est fort belle : l'orge, au mois de février
» était déjà en épis ; le blé suivait l'orge de près. En
» revenant, pour me rafraîchir, j'achetai une canne à
» sucre pour la sucer. Le Nil rappelle Joseph, fils de
» Jacob, vendu par ses frères, Moïse sauvé des eaux,
» etc.

» Du Caire, je partis par la ville que la Sainte Famille
» a habitée dans sa fuite en Egypte, et à travers le
» vaste pays habité par les fils de Jacob. Puis j'arrivai
» au désert, qui est une immense mer de sable. Enfin
» je trouvai une oasis, c'est-à-dire un lieu où il y a des
» arbres et de l'eau. A une heure de là, dans le désert
» encore, sur le bord du canal de Suez, se trouve une
» maison de Sœurs avec un hôpital où sont soignés les

» ouvriers malades, travaillant au canal. Là, nous nous
» reposâmes un jour. Les Sœurs, qui sont là vivant au
» désert, furent heureuses de voir des missionnaires.
» Nous avons ensuite parcouru le canal de Suez jusqu'à
» Port-Saïd, où nous sommes montés sur un vaisseau
» autrichien. La mer fut mauvaise ; le vaisseau dansait
» et sautait sur l'eau comme une coquille de noix ; il
» nous fut impossible de descendre à Jaffa, où l'on s'ar-
» rête habituellement pour aller à Jérusalem. Nous ne
» pûmes débarquer la nuit suivante qu'à Caïffa, et
» non sans difficulté. A côté de Caïffa se trouve le
» Mont-Carmel. L'autel de Notre-Dame du Mont-
» Carmel est juste sur la grotte du prophète Elie.

» Du Carmel nous partîmes pour Nazareth, où nous
» arrivâmes mardi dernier, 1er mars. A l'autel de l'An-
» nonciation, j'ai bien prié pour vous, ma bonne et
» chère Mère, et pour toute la famille ; j'ai dit la Messe
» pour la famille dans l'atelier de saint Joseph. On
» voit à Nazareth la fontaine (il n'y en a qu'une seule)
» où la Sainte Vierge allait puiser de l'eau. Nazareth
» est encore comme au temps de la Sainte Famille.
» Pour avoir du pain, les femmes écrasent le grain
» entre deux pierres, puis elles font de la pâte ; cette

» pâte est ensuite déposée dans un trou sur des pierres
» chauffées. Le pain est bon ; on le fait tous les jours.
» Les charpentiers travaillent encore comme saint
» Joseph, avec les mêmes instruments primitifs et de la
» même manière.

» De Nazareth, nous sommes partis au Thabor : il
» nous a fallu cinq heures à cheval. Du Thabor au lac
» de Tibériade, cinq heures encore à cheval. Nous
» avons célébré la Messe là où Notre-Seigneur dit à
» saint Pierre qu'il était le Chef de son Eglise, le
» premier Pape par conséquent. Nous sommes allés sur
» le lac dans une barque de pêcheurs qui ont pêché
» devant nous. De la mer de Tibériade, sept heures à
» cheval pour revenir à Nazareth par la montagne de
» la Multiplication des pains, celle des Béatitudes et
» Cana. De Nazareth, nous sommes revenus au Mont
» Carmel ; et c'est de là que je vous écris, avant de par-
» tir pour Jérusalem : c'est une marche de trois jours.

» Je prie pour vous, ma bonne Mère, et pour toute
» la famille.

» Le voyage se fait bien et je ne me sens pas fati-
» gué. »

La Providence, avec une délicatesse pleine de suavité, attirait les regards de notre Mère vers Nazareth, le Thabor et le Calvaire. Avant de lui faire gravir la montagne du sacrifice suprême, elle voulait que ses enfants, de loin aussi bien que de près, lui procurassent encore des consolations et des joies.

L'état de la bien-aimée malade semblait s'améliorer de plus en plus : la mine était excellente et les nuits moins mauvaises. Cependant, sa faiblesse ne lui permettait point de rester levée, sinon quelques courts instants le matin, et elle était souvent plongée dans un demi-sommeil. De plus, on avait dû lui appliquer un vésicatoire au côté gauche, pour en faire disparaître une douleur opiniâtre ; mais ce remède produisit peu d'effet. Malgré ses souffrances, elle faisait le meilleur accueil à ses visiteurs. C'est ainsi qu'elle embrassa affectueusement son amie, la Sœur Louise, Supérieure des Filles de la Charité du Quesnoy, et lui fit lire, à haute voix, la consolante lettre qu'elle venait de recevoir de son fils aîné. La visite de son pasteur lui était particulièrement agréable : elle écoutait ses paroles avec respect et toujours elle lui demandait sa bénédiction.

Le dimanche, 27 mars, notre Mère allait mieux

encore que les jours précédents ; cependant sa respiration était pénible. Elle se plaignait quelquefois de ne plus savoir dire de longues prières, mais Julie, qui la voyait souvent prier, lui recommandait de ne point se fatiguer. Elle disait à ses enfants : « Le bon DIEU dira » de moi : Je ne sais ce qu'elle fait. » Et eux de répondre : « Mère, soyez sûre que le bon DIEU ne vous » adressera aucun reproche. »

Le lundi, M. l'abbé Carlier, Vicaire Capitulaire de Cambrai, ayant appris que notre Mère était malade, vint la saluer dans l'après-midi. Notre Mère fut on ne peut plus heureuse de cette bonne visite, et elle convint, afin qu'on restât plus longtemps dans sa chambre, qu'elle parlerait peu. Quand M. Carlier lui fit ses adieux, elle le remercia chaleureusement de ce qu'il était venu la voir en dépit du mauvais temps.

Le mardi, 29 mars, Louis vint à son tour. Il rencontra à l'entrée de Ghissignies le docteur qui lui dit : « Je suis content de ma malade : elle est en voie de » guérison. » Notre Mère fut heureuse de revoir son cher Louis ; mais elle était souvent vaincue par le sommeil. La nuit fut fort mauvaise, et le délire ne quitta guère la pauvre malade. Parfois pourtant, elle se rendait parfaitement compte de ce qui se passait autour d'elle ; voyant Lucie, Julie et Clara harassées de fatigues après huit jours de veilles, elle s'écria avec tristesse : « Je les exténuerai toutes ! »

Le mercredi, 30 mars, on se hâta d'appeler le médecin et d'aller chercher Louis qui avait dû rentrer à Robersart pour quelques malades en danger. Dans la matinée, notre Mère se leva quelques instants et put même se recoucher sans l'aide de personne. Dès qu'elle fut au lit, le sommeil s'empara d'elle. M. le Curé, frappé du changement qui s'opérait en notre Mère, lui proposa de communier et de recevoir le sacrement des malades. Elle y consentit avec empressement et se confessa aussitôt. Pour l'administration du saint Viatique et de l'Extrême-Onction, on décida d'attendre l'arrivée de Louis ; mais nos sœurs étaient fort inquiètes, tant notre Mère changeait à vue d'œil !

Sur ces entrefaites, le courrier apporta une lettre d'Abbeville. Nos sœurs, le cœur brisé de douleur, ne se sentaient point le courage de lire cette lettre à notre Mère, et pourtant elles se disaient entre elles : « Si » notre Mère venait à mourir, quels regrets notre » silence ne nous causerait-il pas ! » Julie s'arma de force et monta auprès de sa Mère, qui fut ravie de recevoir une lettre de sa fille Eugénie. C'est avec des larmes dans les yeux que Julie lut d'une voix entre-coupée les lignes suivantes :

« Ma bien chère Mère, votre silence m'inquiète, et
» je ne puis faire autrement que de venir vous deman-
» der ce qu'il peut y avoir. J'ai bien peur d'une chose,
» c'est que vous ne soyez malade et qu'on ne me le
» cache. Julie aurait tort de ne pas me le dire. Je sou-
» haite de tout mon cœur qu'il n'en soit rien ; mais, je
» vous en prie, un petit mot pour me rassurer, car je
» trouve le temps long.

» Vous savez, ma bien chère Mère, que c'est ven-
» dredi dernier que j'ai eu le bonheur de renouveler
» mes saints engagements avec Notre-Seigneur. J'étais
» tout à fait indigne d'une telle grâce, mais le bon
» Maître a bien voulu de nouveau me recevoir pour
» son épouse. Et vous dire comme, en ce beau jour,
» j'ai prié pour vous, comme j'ai pensé à ma bonne
» Mère, je ne le saurais ! Car c'est bien à vous que
» nous devons chacune notre vocation, et je crois que
» dans vos moments de ferveur et d'union à Dieu,
» vous êtes contente de nous savoir toutes à lui. C'est

» dans ces moments en particulier que je vous demande
» une prière à mon intention, car j'y ai beaucoup
» confiance. Priez aussi pour ma Sœur Supérieure, à
» qui je dois une grande reconnaissance : vous saurez
» pourquoi un jour, ici-bas ou au ciel assurément.

» Je vous embrasse tous bien fort ; mais vous, ma
» chère Mère, je vous embrasse tout particulièrement
» et je vous demande votre bénédiction : j'ai conservé
» l'usage de la famille, et, chaque soir, avant de me
» coucher, je reçois de vous cette bénédiction si
» chère.

» Au revoir, ma bien chère Mère, en la sainte
» volonté de Dieu. »

Vers la fin de la lettre, Julie s'aperçut que la chère
malade était retombée dans son funeste sommeil. Il
fallait qu'elle fût très mal pour s'assoupir en entendant
la lecture d'une lettre de ses enfants.

Cependant Louis, retenu par un moribond, tardait
à arriver. Vers midi, M. le Curé administra les derniers sacrements à notre Mère : Jean-Baptiste, Clara,
Lucie et Julie assistaient à cet émouvant spectacle
d'une Mère qui, avant de quitter la terre, s'unissait à
son Dieu avec une grande piété et un grand calme, et

recevait les onctions saintes qui purifient et soulagent.

De l'aveu de M. le Curé, notre Mère avait fait généreusement le sacrifice de sa vie, car elle voyait nettement son état ; mais elle n'en disait rien à ses enfants ; elle leur dissimulait même ses souffrances. Lucie lui ayant dit avec larmes : « Ma Mère, » vous n'allez pas nous quitter ? » elle lui répondit : « Il faut bien espérer que non. » Lui demandait-on si elle souffrait, elle répondait invariablement : « Un » peu. »

A une heure Louis arriva, et notre Mère l'embrassa avec émotion à plusieurs reprises. Il lui dit : « Cou- » rage, ma Mère ! Priez bien pour nous, afin que nous » suivions fidèlement vos exemples et que, comme » vous, nous observions toujours la loi de Dieu. » Bénissez-nous tous ici présents : Jean-Baptiste, » Clara, Lucie, Julie et Louis ; bénissez les absents : » François, Marie, Eugénie et Zoé. » Notre Mère répondit affirmativement, mais c'est à peine si elle » avait la force de dire *oui*.

Le médecin constata qu'elle n'irait plus loin. Sa figure était toute décomposée et sa respiration difficile. La mort marquait de plus en plus son empreinte sur le visage de notre pauvre Mère. Quand on lui parlait, elle répondait par un signe de tête ou par une faible émission de voix ; en dehors de ces moments, elle était comme endormie, et nous la surprenions à balbutier des prières pendant son sommeil. Peu de temps après l'arrivée de Louis, nous récitâmes le chapelet : notre Mère remuait les lèvres et s'unissait à nous. Nous priâmes beaucoup auprès de cette couche qui, pour notre Mère, allait devenir le lit de la mort. C'est avec bonheur que la pieuse malade entendait quelques paroles édifiantes et baisait le crucifix de notre Père ou la relique de la Vraie Croix. Nous aimions à prendre sa main droite dans nos mains qu'elle étreignait avec affection.

M. le Curé vint dans la soirée et rendit l'absolution à notre Mère. Pendant la nuit, à onze heures *(le mercredi 30 mars 1892)*, nous étions tous groupés autour du lit de la bien-aimée malade. Elle avait la respiration précipitée et le pouls fort faible. Tout à coup elle poussa un long et profond soupir. Louis lui proposa aussitôt les actes de foi, d'espérance, de charité, de contrition et le saint nom de JÉSUS, et lui donna une dernière absolution. Elle poussa encore un ou deux profonds soupirs : elle avait rendu sa belle âme à Dieu, avec la relique de la Vraie Croix sur la poitrine, son chapelet et le crucifix de notre Père dans la main droite. Elle s'éteignit ainsi doucement et sans agonie le huitième jour de la neuvaine de prières en l'honneur de saint Joseph ; pour elle le dernier jour de cette neuvaine fut le jour sans fin de l'éternité !

Orphelins sur cette terre, nous nous agenouillâmes auprès du lit de notre Mère, et nous récitâmes un *De profundis* et un chapelet pour celle qui nous a tant aimés !!!

Chapitre Seizième.

FUNÉRAILLES, PRIÈRES, REGRETS.

LE lendemain du décès, le corps de notre Mère était exposé sur un lit funèbre, dans la chambre du rez-de-chaussée la plus proche de la rue. Le visage de la défunte était souriant et orné d'une beauté particulière, qui était comme le doux reflet des vertus de sa belle âme. A cette vue, on se sentait plus porté à la consolation qu'aux larmes.

De grand matin, Louis célébra les saints Mystères pour le repos de l'âme de sa Mère : tout en offrant l'adorable Victime, il ne pouvait se défendre de la délicieuse pensée que sa vertueuse Mère était au ciel.

Dans la journée, nombre de personnes, entre autres M. Villette, Supérieur du Séminaire de Solesmes, vinrent prier dans la chambre mortuaire. Le soir, nous fîmes la prière comme les jours précédents, et nous allâmes embrasser notre Mère ; mais, hélas ! son corps était froid comme le marbre !

Le vendredi, les visiteurs furent plus nombreux encore. Pendant la prière du soir, nos regards désolés ne virent plus l'aimable figure de notre bien-aimée Mère, mais un lugubre cercueil !

Le samedi matin, 2 avril, Louis monta au saint autel pour le repos de l'âme de la chère défunte. A sept heures et demie, M. l'abbé Villain, venu à jeun de Saint-Aubert, dit la sainte Messe à la même intention. De neuf heures à dix heures, une amie de notre Mère vit défiler plus de quatre cents personnes, qui vinrent dans la chambre mortuaire jeter l'eau bénite et prier. A dix heures, notre Mère quittait la demeure qui avait été si longtemps témoin de ses labeurs, de ses sacrifices, de ses joies et de ses vertus. Cette marche vers la maison de DIEU et la solitude des morts fut presque un triomphe. M. le Vicaire Capitulaire Cailier accompagnait Louis ; et M. l'abbé Villette, Jean-Baptiste. Venaient ensuite plus de vingt prêtres, parmi lesquels M. Sinsoillez, Archiprêtre et Doyen du Quesnoy, M. le Curé de Saint-Aubert, M. Planson, etc., et les nombreux parents ou amis de la famille.

La Sœur Louise, Supérieure des Filles de la Charité du Quesnoy, accompagnait Lucie ; la Bonne Mère des Petites Sœurs des Pauvres de Valenciennes, se tenait aux côtés de Julie ; la Sœur Blanc, Supérieure des Filles de la Charité de Soissons, conduisait Clara. Suivait un groupe de plusieurs Petites Sœurs des Pauvres et de cinq Filles de la Charité, avec les élèves de l'orphelinat du Quesnoy. Le cortège était fermé par des dames parmi lesquelles on remarquait madame Villette et mademoiselle Franchois. (Notre chère cousine Lucie fut retenue à Saint-Aubert par une indisposition). La population de Ghissignies assistait en foule aux funérailles.

A l'église, la cérémonie funèbre revêtit toute la pompe possible, non pas que les enfants de la défunte en eussent exprimé le désir, mais parce que M. le Curé voulait honorer en notre Mère la grande chrétienne. L'absoute fut donnée par M. le Vicaire Capitulaire avec une émotion qu'il put à peine contenir. Au cimetière, conformément au désir de notre Mère, une tombe avait été creusée auprès de celle de notre Père : notre Mère y fut déposée en présence de ses enfants en pleurs.

De retour à la maison mortuaire, nous remplîmes les devoirs de l'hospitalité envers cette assistance si sympathique. Vers la fin du repas, auquel prirent part environ quatre-vingts personnes, Louis remercia en quelques mots tous ceux qui avaient daigné assister aux obsèques de notre Mère ; il remercia particulièrement M. le Vicaire Capitulaire, M. l'Archiprêtre du Quesnoy et M. le Curé de Ghissignies, qui avaient tant contribué à en rehausser l'éclat. M. le Vicaire Capitulaire répondit par les paroles suivantes :

« Si de grandes, d'univernelles sympathies peuvent
» adoucir une grande douleur, votre profonde et légi-
» time douleur, M. le Curé, celle de votre frère et de
» vos sœurs ont dû se trouver bien consolées, ce matin,
» par l'assistance à la cérémonie funèbre de toute la
» paroisse, par le concours de tout ce que la contrée
» compte de plus honorable, par la présence de tant
» de prêtres, de religieux et de religieuses, qui sont
» venus témoigner de leur respectueuse vénération
» pour la mémoire de celle que vous pleurez et de l'es-
» time qu'ils vous portent à vous-mêmes. C'est M. l'Ar-
» chiprêtre, qui, par sa présence, vous dit le rang que
» la famille Lobry occupe dans son Doyenné. Ce
» sont tous ces ecclésiastiques, qui, malgré la circons-
» tance du samedi, ont voulu vous prouver combien

» ils sont sensibles au deuil qui vous afflige. Ce sont
» ces dignitaires de la Congrégation de Saint Vincent
» de Paul, venus remplacer ici l'illustre frère qui sert
» si bien en Orient la cause de l'Église, de la France
» et de la civilisation. Ce sont ces Filles de la Charité,
» ces Petites Sœurs des Pauvres, accourues pour tenir
» la place de vos sœurs, qui, sous tous les climats, se
» consacrent au soin des malades, des infirmes et des
» vieillards, et font bénir partout notre sainte religion.
» Tous vous disent, par leurs sanglots et par leurs
» larmes, combien ils partagent votre douleur... !

» Mais vous avez mieux, pour vous consoler, que
» ces ardentes sympathies ! Vous avez le souvenir de
» la foi et des vertus de celle que vous regrettez si
» justement. Vous avez l'éloquent témoignage de sa
» vie si sainte et si exemplaire aux yeux des hommes
» et plus encore aux yeux de DIEU et de ses anges.
» Vous avez les fatigues qu'elle a acceptées, les pieuses
» industries qu'elle a déployées pour vous élever tous
» dans l'amour de DIEU et la pratique des vertus chré-
» tiennes. Vous avez le spectacle de sa générosité à
» donner tant de ses enfants au bon DIEU et à faire
» elle-même le sacrifice de sa vie !

» Les circonstances semblent venir compléter ces
» consolations et fortifier ces espérances. C'est le jour
» de saint Joseph, patron spécial du foyer, que cette
» âme d'élite a quitté la terre. Et, depuis le pieux
» décès de celle que vous pleurez, je remarque le ven-
» dredi du Sacré Cœur à qui elle avait voué la plus
» tendre dévotion, et le jour de la Sainte Vierge (le
» samedi), qu'elle a tant aimée et si bien imitée. Enfin,
» il y a huit ans, presque à pareille époque, avait lieu
» le départ de votre vénéré Père pour l'éternelle Patrie:
» je suis heureux, pour ma part, de pouvoir rendre hom-
» mage à la mémoire de cet éminent chrétien, en même
» temps qu'aux vertus héroïques de son épouse. Hon-
» neur à ces parents dont la famille ressemblait à celle
» des Patriarches et mieux encore à celle de Nazareth !

» Tous ces souvenirs nous laissent la ferme confiance
» que Jésus, Marie et Joseph sont venus à la rencontre
» de votre sainte Mère, pour l'introduire dans les de-
» meures éternelles et la réunir à votre Père qui l'avait
» précédée au ciel.

» Le *De profundis*, que nous allons réciter, trouvera
» dans ces souvenirs une note particulière de conso-
» lation et d'espérance. »

A cet éloquent discours, qui remua profondément tous les assistants et fit couler d'abondantes larmes, nous ajouterons, pour l'honneur de notre Mère, quelques extraits des lettres de condoléances qui affluèrent à la maison maternelle.

« Que Dieu, disait à Louis M. Dufour, ancien
» curé de Ghissignies, récompense abondamment celle
» à qui vous devez tant, celle qui a été la femme forte
» par excellence, qui a tant honoré sa famille et qui
» laisse des souvenirs impérissables autour d'elle et
» dans la localité où elle a vécu. Non, je ne puis l'ou-
» blier, et que de fois j'ai fait son éloge! Si ce n'était
» une grande tristesse pour vous, ses chers enfants, je
» dirais volontiers que Dieu a bien fait de la retirer
» de ce monde où elle avait tant mérité.

» Quel bel héritage vous avez reçu de vos parents !
» Votre Père avait la foi robuste des anciens temps, et
» votre Mère avait toutes les délicatesses de la vraie
» piété et toute l'intelligence des âmes désireuses de
» se perfectionner.

» Je penserai à elle au *Memento* de la Messe dans mes souvenirs particuliers (1). »

---

1. Semeries, le 21 avril 1892.

M. Defroyenne, ancien curé de Ghissignies, écrivant aux membres de la famille, s'exprimait ainsi : « Dieu a voulu mettre votre chère Mère en possession » de la récompense qu'elle a méritée depuis longtemps. » Pour racheter les fautes qui ont pu échapper à la » fragilité humaine, elle n'a eu qu'à ouvrir ses mains » pleines de bonnes œuvres, et à montrer à son Sei- » gneur les nombreux enfants qu'elle a attachés à son » service ; et le souverain Juge n'a pu manquer de la » recevoir dans sa miséricorde. Voilà pour vous la » pensée la plus consolante avec celle de la future et » éternelle réunion. Méditez-les bien, et, après avoir » versé des larmes, comme saint Augustin vous chan- » terez l'hymne de l'action de grâces.

» Je célébrerai le Saint Sacrifice pour madame Lobry » et pour sa famille (1). »

De Constantinople, M. Droitecourt envoyait à Louis les lignes suivantes : « Je ne saurais vous dire » la part que je prends à votre douleur..... J'ai eu » l'honneur d'être reçu dans votre famille : j'ai connu » votre digne et sainte Mère : j'ai pu admirer ses gran- » des vertus. Je n'essaierai donc pas de vous dire de

---

1. Priches, le 1er avril 1892.

» ces phrases banales qu'on entend trop souvent dans
» le monde en pareille circonstance. Vous avez perdu
» une digne et sainte Mère! Il faudrait qu'elle eût
» beaucoup d'imitatrices. Dieu lui a accordé la plus
» belle consolation qui soit donnée à une Mère: d'éle-
» ver une famille nombreuse et de voir tous ses en-
» fants rester dignes de leurs parents.

» Toute la Maison de Saint-Benoît a pris une
» grande part à la perte que fait M. le Supérieur.
» Les prières, les Saints Sacrifices ne lui auront pas
» manqué. Toutes les Maisons de Sœurs ont prié pour
» le repos de son âme, et je ne doute pas qu'elle soit
» en possession de la bienheureuse éternité. La mort
» des Saints est précieuse devant Dieu (1). »

Monseigneur Mladenoff, Evêque de Salonique et
Vicaire Apostolique de la Macédoine, ayant appris la
triste nouvelle, daigna adresser à Louis cette réponse:

« J'ai reçu votre lettre du 31 mars. J'ai partagé avec
» vous et avec M. F.-X. Lobry, à peine arrivé en ce
» moment de la Terre Sainte, la cruelle douleur que
» vous avez éprouvée de la séparation de votre excel-
» lente et tendre Mère. Aujourd'hui il m'a été donné

---

1. Constantinople, le 1er avril 1892.

» d'offrir le Saint Sacrifice de la Messe à l'intention de
» cette âme chérie ; mais je ne puis vous cacher les dis-
» tractions que j'ai eues pendant cette auguste fonction :
» c'est qu'il me semblait que le précieux sang que
» j'offrais à Dieu servirait seulement à l'accroissement
» de la félicité et de la gloire accidentelles de cette
» sainte âme, qui vient de se débarrasser de sa dé-
» pouille mortelle. Ah ! les saintes Mères chrétiennes
» qui ont enfanté et formé des sauveurs d'âmes, d'autres
» Christs, Jésus-Christ doit les recevoir auprès de
» sa divine Mère !...

» Je vous prie d'être, auprès de tous les membres de
» votre excellente famille, l'interprète de mes senti-
» ments de profonde estime et de fraternelle affec-
» tion (1). »

Il serait trop long d'énumérer les prêtres, les religieuses, les personnes amies qui ont daigné prier,
communier, offrir ou faire offrir le Saint Sacrifice, pour
le repos de l'âme de notre vénérée Mère. Disons cependant que tous les Lazaristes et toutes les Sœurs de
Charité de la Province de Constantinople ont dit la
Messe ou fait la sainte Communion pour elle. La Supé-

---

1. Constantinople, le 10 avril 1892.

rieure Générale des Filles de la Charité daigna aussi assurer les suffrages de sa Communauté à l'âme de celle qui s'estimait si heureuse d'être affiliée à la Compagnie des Filles de Saint Vincent de Paul.

A ce concert de prières et de louanges, qui se fit entendre autour de la tombe de notre Mère, ajoutons quelques-uns des regrets que ses enfants désolés se sont exprimés les uns aux autres : ce sera leur chant d'amour et de reconnaissance envers celle qui les a aimés d'un affection si grande et si pure.

Dans une lettre venant d'Antoura (Syrie) et portant la date du 24 mars 1892, notre frère aîné donnait à sa chère Mère d'amples détails sur la dernière et la plus importante partie de son pèlerinage : le Cénacle, la grotte de Gethsémani, le Calvaire, le Saint Sépulcre, etc. Quand cette lettre arriva à Ghissignies, celle à qui elle était adressée reposait dans la froide tombe !

Quelques jours après, François écrivait à Louis : « En rentrant à Constantinople, j'ai appris que nous » n'avions plus de Mère avec nous sur la terre. En » débarquant, comme j'allais dire la Messe de suite, » M. Droitecourt dut tout me dire d'un coup, et il le fit

» en pleurant. Dès les premiers mots, je compris, et le
» coup fut rude..... J'aimais tant notre bonne Mère !
» Car n'est-ce pas à elle que nous devons ce que nous
» sommes, surtout au point de vue de la vie de la
» grâce ? J'allai donc dire la Messe et je fis mon sacri-
» fice, mais le cœur demeura profondément éprouvé.
» Depuis, plusieurs fois j'ai pris la plume pour vous
» écrire à tous, mais je ne l'ai pu.

» En priant pour ma Mère, en disant la Messe
» tous les jours pour elle, je prie aussi pour tous les
» membres de la famille, car, dans cette épreuve, c'est
» en Dieu seul que nous pouvons trouver des grâces
» et des motifs de consolation.

» Avec notre bon Père disons : *Ce que Dieu fait
» est bien fait.* Poursuivons notre route dans la vie
» en mettant à profit l'héritage de piété et de vertus
» que nous ont laissé nos parents. Nous ne les avons
» plus sur la terre ; mais au ciel ils prient pour nous,
» ils sont nos intercesseurs.

» Vivons des souvenirs de piété, de vertu, de bonté
» de notre vénérée Mère défunte. A son exemple, ser-
» vons Dieu avec fermeté de cœur et de volonté (1). »

---

1. Constantinople, le 14 avril 1892.

Jean-Baptiste disait à Eugénie : « Notre Mère est
» morte. Quel immense malheur ! Je ne saurais assez
» le répéter. Je ne puis retenir mes larmes ! Pauvre
» Mère, elle nous aimait tant ! Et mourir si vite !
» Prions bien pour celle qui a tant fait pour nous
» tous.

» Ma lettre sera courte : j'ai le cœur trop attristé
» du décès de notre Mère. Cette nouvelle a dû vous
» consterner. Pour mon compte, je ne sais dominer
» mon chagrin ; moi, qui ai passé le plus d'années au-
» près d'elle, je perds toute consolation... ! (1) »

Clara pleura non moins amèrement celle qu'elle aimait comme si elle en eût reçu le jour : « La mort de
» notre Mère, disait-elle à Eugénie, est pour moi une
» épreuve inconsolable et une douloureuse séparation.
» Je l'aimais beaucoup, et, depuis que je suis à Ghissi-
» gnies, je goûtais les mêmes joies que du vivant de
» ma propre Mère. Notre Mère est sans doute heu-
» reuse, car elle était si bonne, que Dieu l'a mise dans
» son Paradis (2). »

Marie exprimait sa douleur à son frère Louis de la

<hr>

1. Ghissignies, le 18 avril 1892.
2. Ghissignies, le 14 juillet 1892.

manière suivante: « Je viens de recevoir le télégramme
» qui m'annonce la mort de notre bien-aimée Mère.
» Le bon DIEU a donc brisé ce doux lien qui faisait
» notre bonheur à tous. Je me soumets entièrement et
» je bénis cette main paternelle qui nous ravit notre
» joie ; cependant je crois que DIEU me pardonnera de
» souffrir beaucoup de cette dernière séparation. Hier,
» en méditant la mort de saint Joseph, je fus fort émue
» jusqu'aux larmes : ma Mère serait-elle morte hier
» mercredi ?

» Cher Louis, je ne peux plus y tenir. Je vais à la
» chapelle : je sens que j'ai besoin de prier pour ma
» Mère. Demain, nous ferons toutes la Communion
» pour elle, et nos vieillards offriront leurs chapelets à
» son intention.

» Je vais écrire à notre Supérieure Générale, afin
» que tout le Noviciat prie pour le repos de l'âme de
» notre chère Mère. La petite maison de Baeza fera
» de même et plusieurs Messes seront célébrées pour
» elle (1). »

D'Abbeville, Eugène envoyait à Louis les lignes
que voici : « Ce n'est pas sans verser des larmes brû-

---

1. San Fernando (province de Cadix), le 31 mars 1892.

» lantes que j'ai lu le douloureux récit que vous me
» faites de la maladie et de la mort de notre bien-
» aimée Mère.

» C'est un gros sacrifice d'être loin des siens dans
» de tels moments ! Ce sacrifice, je l'ai offert à DIEU
» avec le plus de générosité possible, afin de répondre
» au désir de ma Mère : *accomplir toujours la volonté*
» *de Dieu et faire toutes choses en vue de plaire à*
» *Dieu*, voilà la dernière recommandation qu'elle m'a
» faite, quand je l'ai revue pour la dernière fois au
» retour de Zoé.

» Oui, DIEU nous l'avait donnée « tout ornée de
» vertus » : vous dites vrai, mon cher Frère. Elle était
» toujours au milieu de nous comme une rose à demi
» ouverte, répandant à chaque instant un parfum de
» plus en plus suave. Quel vide sa mort a fait dans
» nos cœurs, car si elle nous aimait, nous l'aimions
» aussi beaucoup et nous la vénérions... !

» Ma Sœur Supérieure a fait dire la Messe pour
» notre Mère le vendredi qui a suivi le décès. Elle a
» prié et fait prier toutes les Sœurs pour notre chère
» défunte (1). »

____

1. Abbeville, le 10 avril 1892.

En écrivant à ceux de ses frères et sœurs qui avaient assisté à la mort et aux funérailles de leur Mère, Zoé leur disait : « Notre Mère est morte ! » Oh ! quelle douleur ! Cette nouvelle m'a brisé le » cœur. Depuis notre enfance, la pensée que notre » Mère mourrait un jour nous faisait trembler, et voilà » que Dieu nous a demandé ce sacrifice !... Au mo- » ment où je vous écris, je pense qu'on emporte le » corps de notre bonne Mère. Pour nous qui sommes » loin de vous, la douleur n'est pas moins grande, » croyez-le. Pauvre Mère ! Combien nous l'aimions ! » et elle n'est plus !

» Oh ! que je remercie Dieu de m'avoir permis de » revoir notre Mère, il y a un an et demi. Je n'étais » pas digne d'une telle faveur. Elle me dit alors *d'être* » *généreuse et de ne refuser à Dieu aucun sacrifice :* » jamais je n'oublierai cette parole.

» Espérons que Dieu l'a mise en Paradis : elle était » si bonne et si vertueuse ! Cependant ne cessons de » prier pour elle. Aujourd'hui, je lui ai fait dire une » Messe, et toutes nous avons fait la sainte Communion » à son intention. Je vais écrire à Rome, et bien des » Messes lui seront dites.

» Soyons soumis à la volonté de Dieu (1). »

Dans une lettre adressée à François, Lucie lui parlait ainsi : « Te dire mon chagrin de ne plus posséder
» notre Mère, je ne le saurais. Chaque fois que j'y
» pense, je répands des larmes. Nous l'aimions tant !

» Notre Mère est au ciel, espérons-le. Sa mort fut
» si douce et si calme ! Elle n'a cessé de prier que pour
» mourir : elle n'avait plus la force de nous parler que
» ses lèvres remuaient encore pour prier.....

» Je remercie Dieu d'avoir été près d'elle pendant
» le peu de jours qu'elle fut malade..... Je suis encore
» à me demander s'il est bien vrai que notre Mère est
» morte (2).. »

Enfin Julie ouvrait son cœur à son frère aîné en ces
termes : « Nous nous figurions que notre bonne Mère
» ne devait jamais mourir !... Elle s'en est allée avec
» un sommeil ménagé par Dieu pour lui adoucir la
» douleur de nous quitter. Pauvre Mère ! comme elle
» nous aimait tous ! Je ne savais pas, cher François,
» que j'aimais tant ma Mère et qu'il était si dur de la
» voir mourir !

---

1. Catane, le 2 avril 1892.
2. Robersart, le 12 mai 1892.

» Notre chagrin fut grand en pensant que tu ne
» pouvais apprendre la triste nouvelle. Notre Mère
» avait été si heureuse, le samedi d'avant sa mort,
» d'entendre lire ta première lettre touchant ton pèle-
» rinage ! elle disait : « Je n'aurais jamais cru qu'un
» de mes enfants irait à Jérusalem. » Et voilà qu'elle-
» même s'en va aussi à une autre Jérusalem, la Jérusa-
» lem céleste (1) ! »

1. Robersart, le 12 mai 1892

Autrefois, frères et sœurs bien-aimés, en pensant à notre Mère nous tournions nos regards et nos cœurs vers la terre bénie de Ghissignies ; à présent levons plutôt les yeux au ciel : nous y trouverons celle qui nous a donné le jour. C'est là que son âme, dégagée de la matière et réunie à celle de notre Père, prie pour nous avec plus de succès encore que sur la terre : son union avec nous est de tous les instants.

Si la mort a frappé ceux qui nous sont chers et blessé douloureusement nos cœurs, elle a aussi resserré les liens fraternels qui nous unissent les uns aux autres et à notre frère aîné. Ce dernier a toujours été pour nous comme un second père ; mais, depuis le départ de notre Mère, il nous est tout ensemble un Père et une Mère, parce que, à nos yeux, il est dans la famille le représentant de Dieu : c'est lui qui a partagé notre patrimoine sans désunir nos cœurs, c'est lui qui a groupé auprès de Louis les anges de charité qui ont veillé sur les dernières années de notre Mère.

Autrefois nous goûtions une indicible joie aux côtés de notre Père et de notre Mère. Aujourd'hui ils ne sont plus et nous sommes dispersés ; mais le bonheur n'a point fui notre existence, parce que tous nous nous efforçons de marcher dans la voie des commandements, qui est aussi celle de l'éternelle réunion. Puissions-nous, comme nos excellents parents, mener une vie sainte et répandre autour de nous le parfum des vertus chrétiennes et la bonne odeur de JÉSUS-CHRIST !

Depuis que nous avons perdu ceux que nous aimions si tendrement, il semble que nous sommes plus détachés de la vie, et que la mort soit devenue notre amie. N'est-ce point elle qui nous unira pour jamais à DIEU, à notre Père et à notre Mère ?

O Mère bien-aimée, que toujours nous ayons présents à la mémoire vos exemples et vos leçons, afin que toujours nous soyons dignes de vous ! Que votre DIEU, qui a été le DIEU de notre berceau, soit aussi celui de toute notre vie et de notre tombe ! Vous nous avez enfantés à la vie du temps : faites-nous naître l'un après l'autre à la vie du ciel !

Table des Matières.

Chapitre Premier.

Chapitre Deuxième.

Chapitre Troisième.

Chapitre Quatrième.

Chapitre Cinquième.

Chapitre Sixième.

Chapitre Septième.

Chapitre Huitième.

Chapitre Neuvième.

Chapitre Dixième.

Chapitre Onzième.

Chapitre Douzième.

Chapitre Treizième.

Chapitre Quatorzième.

Chapitre Quinzième.

Chapitre Seizième.

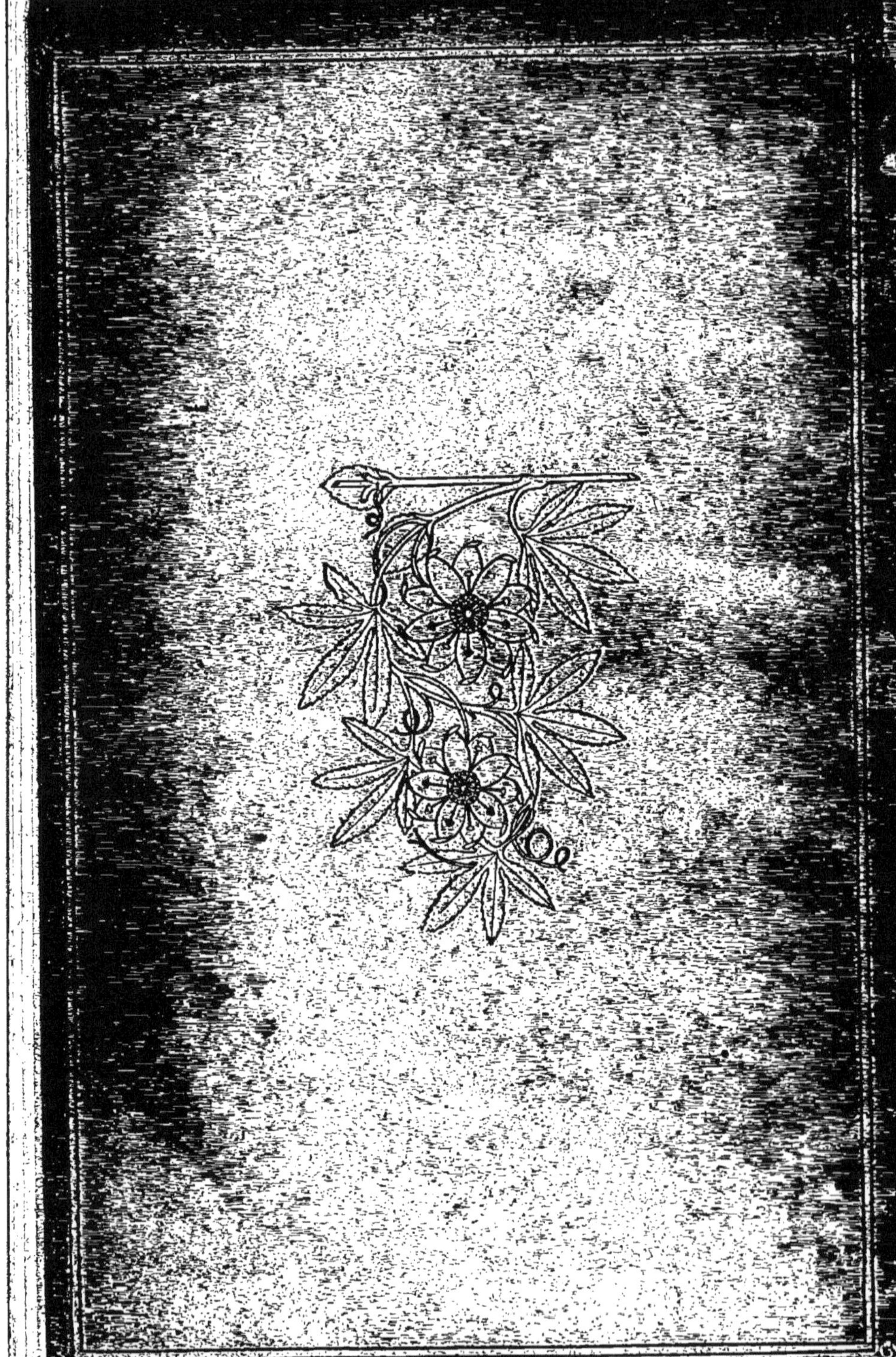